時光机
圖|書|工|作|室

当世界史的指针逆转之时

[德] 马库斯·加布里尔 著
MARKUS GABRIEL
（日文译者：大野和基）

时晨 译

SPM
南方传媒 广东人民出版社
·广州·

图书在版编目（CIP）数据

当世界史的指针逆转之时 / （德）马库斯·加布里尔著；时晨译.—广州：广东
人民出版社，2023.2
ISBN 978-7-218-15872-3

Ⅰ. ①当⋯ Ⅱ. ①马⋯ ②时⋯ Ⅲ. ①哲学—研究—世界 Ⅳ. ①B1

中国版本图书馆CIP数据核字（2022）第113958号

图字：19-2022-119号

DANG SHIJIE SHI DE ZHIZHEN NIZHUAN ZHI SHI
当 世 界 史 的 指 针 逆 转 之 时
［德］马库斯·加布里尔　著　时晨　译　　　　版权所有　翻印必究

出 版 人：肖风华

责任编辑：肖风华　钱飞遥
责任技编：吴彦斌　周星奎
版权策划：赵世平

出版发行：广东人民出版社
地　　址：广州市越秀区大沙头四马路10号（邮政编码：510199）
电　　话：（020）85716809（总编室）
传　　真：（020）83289585
网　　址：http://www.gdpph.com
印　　刷：咸宁市新源印务有限公司
开　　本：890毫米×1240毫米　1/32
印　　张：7　　字　　数：112千
版　　次：2023年2月第1版
印　　次：2023年2月第1次印刷
定　　价：59.00元

如发现印装质量问题，影响阅读，请与出版社（020-87712513）联系调换。
售书热线：（020）87717307

一切都存在，除了世界。

前言
编辑部致读者

"当今世界最受瞩目的天才哲学家"

"新哲学的旗手"

这是人们赠予本书作者马库斯·加布里尔的桂冠。

马库斯·加布里尔29岁时被波恩大学聘为讲席教授，是德国有史以来最年轻的哲学教授。他提倡的"新实在论"在世界范围内引起巨大关注。

"后真相"（post-truth）一词在当今世界广泛传播，民粹主义风暴席卷全球，"新实在论"是应运而生的新哲学。

在雷同化日进、差异日渐模糊、信息泛滥无界的现代社会，究竟何为真实？究竟是否有真实存在？人们无法回答。

面对现代危机，来自欧洲的新时代知识分子马库斯·加布里尔大声疾呼"只有真实才真正存在"，并强调我们理应依靠的"普遍价值"也绝对存在。

● 新哲学描绘的时针回转的世界

"世界史的时针开始回转"一语出自马库斯·加布里尔之口，本书中也多处出现。

在他看来，上帝死了，现代主义也死了。遍历了死亡的我们像一艘随波逐流的无锚之船。

而近来，"一股试图回归19世纪民族国家时代的力量正日渐壮大"，加布里尔如是说。

编辑部试图就21世纪正在发生的"世界性危机"与这位哲学家展开对话。编辑部也试图描绘"新实在论"会为生活于当下的我们带来何种变化。若通过"新实在论"展望世界，我们能预测到现今与未来将组成何种图像。换句话说，我们将借助加布里尔的"新实在论"火把，聚焦当今世界面临的各种大问题。

我们尽量规避晦涩难懂的哲学术语，努力使用通俗的日常用语来采访与翻译，相信对哲学不太熟悉的读者也能轻松地阅读本书。

书中涉及的五大危机分别是"价值的危机""民主主义的危机""资本主义的危机""技术的危机"和"表象的危机"。

进入正文之前，先就本书梗概做出简单介绍。

第一章"世界史的时针回转时"主要阐述目前在全球范围内出现的"时针回转"的现象与潮流。

第二章"为何现在提倡新实在论"是进入正篇前的序章，将对"新实在论"进行简单解说。

第三章"价值的危机"讲解在绝对价值观已然丧失、呈现漂流状态的当代，民众该如何理解"普遍价值"，以免陷入虚无主义泥潭。

第四章"民主主义的危机"聚焦民主制度所特有的低效，并对"肯定多样性，是否意味着对否定多样性的人也要予以肯定？"等悖论提供了哲学角度的解答。

第五章"资本主义的危机"将解读全球化、贫富分化等现代资本主义所蕴含的"恶的潜在性"，并针对这些问题提出解决方案。在这里，加布里尔为我们带来"共同免责主义"（co-immunism）、道德企业、大理论（grand theory）等令人耳目一新的提案。

第六章"技术的危机"展开了"所谓人工智能根本不存在""我们只是在为网络巨头GAFA（Google、Apple、Facebook、Amazon）免费打工"等论述。作者也一针见血地指出日本是"温柔的独裁国家"，为日本人敲响一记警钟。

第七章"表象的危机"和之后的"补充·新实在论的启示"进一步展开更具哲学性的论述。在作者看来，上述前4种危机之所以发生，归根结底在于我们未能与"表象"之间建立起正确的关系。此外，第七章也在前几章论述的基础上直接回答"新实在论"如何看待世界的问题。

"在时针回转的时代，'新实在论'是新的解放宣言"，"因为'新实在论'是面向未来思考各种问题的哲学。"加布里尔笑言。

读完本书，你眼中的世界可能会发生翻天覆地的变化。

CONTENTS

目录

导读　认识马库斯·加布里尔

马库斯·加布里尔（Markus Gabriel），于2005年在德国海德堡大学获得博士学位，博士研究方向为谢林晚期哲学；在2008年凭借对古典时期怀疑论和实在论的研究迅速取得教授任教资格；自2009年起至今担任德国波恩大学认识论和现当代哲学教席教授，被誉为当今德国最年轻的哲学教授。

自2012年起，马库斯·加布里尔担任北威州哲学国际研究中心（Internationales Zentrum für Philosophie NRW），主持并参与一年一度的暑期学校，又于2017年成立波恩大学科学与思想中心（Center for Science and Thought）并兼任主任，以"人工智能"为主题做跨学科研究。随着畅销著作《为什么世界不存在》（*Warum es die Welt nicht gibt*）带来的国际影响以及"新实在论"在学术界引起的广泛讨论，很多人对这位明星哲学家产生了浓厚的兴趣，并好奇他是如何取得现如今的卓越成就的。这篇导读旨在让读者开始阅读本书之前，对这位哲学家的独特个性和思想历程有一个初步的认识。

哲学启蒙

1980年出生于德国雷马根（Remagen）、成长于辛奇希（Sinzig）的马库斯·加布里尔，哲学这个概念在他的童年时期并未成形，但是对哲学问题意识敏锐的第六感似乎一直潜藏在他的脑海里。

马库斯·加布里尔的父亲是一名园丁，母亲是一位护士，在莱茵河畔安逸的生活使他的中学时代显得有些无聊。性格有些反叛的他在考试中交过白卷，仅仅是因为考题中的问题出得太差了，不知道现在身为教授的他如果收到学生的白卷会作何感想。课余时间加布里尔还喜欢在辛奇希城堡旁边的棋社下国际象棋，他年长的棋友曾评价说，如果他更有耐心一点的话，国际象棋会下得更好。

14岁的加布里尔偶然接触到了"哲学"这个词汇，还是因为其他班级的老师在黑板上写下了"哲学"二字并忘了擦掉，也正是从那时起他在潜意识里萌生了以后或许可以从事哲学的想法。15岁时，他在科隆大教堂广场前玩滑板扭伤了脚踝，于是不得不在接下来的几周与石膏板作伴。他的好友在探病时带来了一本哲学著作——索伦·克尔凯郭尔的《致死的疾病》，虽然他当时并没有读懂这位丹麦哲学家的书，但这却恰恰激发了他在阅读哲学著作上的求胜欲，正是这股热情使他一猛子扎入哲学深渊之中不可自拔。当然，也许正是此时深刻体验到哲学著作晦涩文风的弊端，以至于他在自己的作品创作中更倾向于通俗易懂的语言和循序渐进的论证，他本人也希望自己所有作品的读者是普罗大众，而不是局限于受过专业哲学教育的人。

学术之路

高中毕业后，马库斯·加布里尔在进行社会服务期间开始苦读哲学和新时期德国文学，并参加德国哈根大学的远程教育，直到2000年冬季学期他才转学去了波恩大学攻读古典语言（古希腊语）和日耳曼文学。从2002年起他凭借德国奖学金的资助开始在海德堡大学攻读古希腊语和新时期德国文学，大量的文献阅读和苛刻的语法训练打造了他如今古希腊语和拉丁语的扎实功底，以至于在课堂上、学术会议上如要深究一个概念，他的词源解析就立刻信口而来，让在座师生无不佩服。紧接着在2005年他师从Jens Halfwassen和Rüdiger Bubner并以一篇研究谢林晚期哲学的论文成功获得了博士学位，也就是后来在2006年出版的《神话中的人：在谢林的神话哲学中对本体神学、人类学和自我意识历史的研究》（*Der Mensch im Mythos. Untersuchungen über Ontotheologie, Anthropologie und Selbstbewußtseinsgeschichte in Schellings Philosophie der Mythologie*）。2008年他又通过自己对古典时期怀疑论与实在论的研究迅速获得了教授资格许可。在此期间凭借奖学金的资助以及跨学科学术交流，他成功掌握了法语和意大利语，而由此打开的学术国际大门让他至今都受益其中。2017年至2019年他都被聘为法国索邦大学的客座教授，至今他曾于加州伯克利大学、纽约大学、里斯本大学、巴勒莫大学、东京大学以及其他地方担任访问职位。他和他的妻子就是在一次飞往香港访学的飞机上相识的，从那时起相爱相知直到现在拥有两个可爱的女儿。

自2019年7月以来，马库斯·加布里尔受邀担任波恩大学认识论和现当代哲学教席教授，当时他以29岁的年龄成为继谢林之后德国最年轻的哲学教授。从2012年起他担任北威州哲学国际研究中心主任，主持并参与一年一度的暑期学校，幽默风趣的讲课风格使得他屡屡获得国际学生的好评。2017年他在波恩大学创立了科学与思想中心并兼任主任，旨在跟进时代大趋势以"人工智能"为主题做跨学科研究。

学术思想与新实在论

在对马库斯·加布里尔的哲学启蒙和教育背景有所了解之后，我们来深入探讨一下他的学术思想。首先，马库斯·加布里尔的研究方向和学术兴趣涉猎广泛，包括理论哲学，比如认识论、形而上学、精神哲学、宗教哲学以及美学，纵观上来讲他的研究重心在古典哲学、康德以及德国观念论（费希特、谢林、黑格尔），还有20世纪哲学（海德格尔、维特根斯坦、分析哲学以及后分析哲学）。其次，他还是一位注重体系的哲学家，不仅捍卫体系哲学，也热衷于发展自己的学术体系——新实在论（Der neue

Realismus）。2013年他的第一本畅销著作《为什么世界不存在》（*Warum es die Welt nicht gibt*）以通俗易懂的语言和打破陈规的观点在大众读者圈以及学术界均引起了不小的轰动，这本书也被翻译为十五种以上的语言并在全世界多个国家出版。与其一同构筑马库斯·加布里尔新实在论体系的还有2015年出版的《我不是大脑》（*Ich ist nicht Gehirn*），以及2018年出版的《思维的意义》（*Der Sinn des Denkens*）。

什么是新实在论呢？在《为什么世界不存在》一书中，他指出，我们所谓的世界其实并不存在，存在的只是现实事物于其中显现的各种意义场，以及存在于这些意义场中的自在现实的事物。我们凭借感觉感知事物，由于立场不同，感知到的事物也存在差异，进而也赋予了事物不同的意义，也就是说，我们所认识的不是事物而是事物的意义，事物的意义也是无限多且交替重合的。与其说世界并不存在，不如说世界正是通过我们对意义的建构来被认识的，因此，只有当我们把世界描述为一切域的总域时，对世界的定义才是有意义的。新实在论还认为，对于事实的思考与被思考的事实一样，都有充分理由被视为是存在的。

在接下来的研究中，他勇于挑战神经中心主义下的世界观，提出"我"并不等同于大脑本身，并从意识、自我意识、自我和自由等多重层面进行了分析，进而赋予了21世纪的精神哲学（更确切地说是意识哲学或者神经哲学）一个新的诠释。《我不是大脑》这部著作颠覆了传统神经学认知，他在书中集中驳斥了一些神经学科研究人员的主张，即寻找生物有机的思维解释。在他看来，神经学科或许可以借助由电脑控制的模型来分析人类大脑中的活动，实现特定的医学用途，但是这种方式并不能使思维活动可视化。

在他的哲学体系框架下，思维被看作是人类其他五感官之外的第六感官，并且不能被任何一种非生物的人工智能系统所取代。作为新实在论三部曲的最后一卷，他在《思维的意义》一书中尖锐攻击了人工智能能够思考的期望。在他看来，在人工智能系统中，真正具备智能的，其实是一个混合人类和机器的界面，它是由人类使用的技术和人工智能程式一起构成的。人类绝非一种被限制在特定认识层面上并试图借助该层面上的模型去计算出自身的动物，人类的生物学成分恰好是我们创造出一种特殊智力形式的前提条件，这种智力形式能令我们从自身的生物学基础中解放出来，也就是我们自己的人工智力——我们的思维能力。

也正是以新实在论体系作为奠基石，他又展开了关于美学和伦理学的思考。2021年在德国出版的《艺术的力量》（*Die Macht der Kunst*）一书，原文译自2018年法文版的*Le Pouvoir de l'art*。在他眼里，艺术品是极端自律的，与其说是欣赏一件艺术品，不如说是被感知的对象以一种知觉幻相的方式被呈现出来。艺术的力量之所以是绝对的，是因为艺术既不关乎道德，又不关乎法律，也不关乎政治。他剖析了艺术领域中的现实性问题并同时补充了相应观点，一个艺术作品的实现，需要我们对其进行诠释，因为艺术作品自身的表达方式比起观众对其产生的鉴赏以及评判更为重要。

而在伦理学上，马库斯·加布里尔主张一种新的道德现实主义，也就是在既定客观事实的基础上根据我们的思想量身定制，来决定我们应该做什么和不应该做什么。自新冠疫情以来，他就在多种场合表达了自己对于这场"大流行"的看法以及对社会的反思。在2020年8月出版的《黑暗时期的道德进步》（*Moralischer Fortschritt in dunklen Zeiten*）一书中他首先介绍了什么是价值以及为什么它们是普遍的，进而他又解释了为什么存在道德事实而不存在伦理两难困境，在讲到社会认同时他又分析了为什么种族主义、排外主义和女性贬抑是道德恶劣的。针对当今时代的价值虚无主义，他指出人工智能和无限制数字化的弊端并提出我们迫切需要在科学、政治和商业领域建立创新合作理念，为了成功地保护气候、代际正义和两性平等而奋斗，从而实现21世纪的道德进步。

　　本书与上述作品有异曲同工之效，也正如其名，当世界史的指针逆转之时，整个社会仿佛倒退到19世纪，加布里尔以"新实在论"作为解放宣言提出了针对一种全新媒体政治的诉求，来维护互联网的民主性。在如今面临价值危机的社会，他提倡一种道德现实主义并建议从小学教育就开始熏陶，相信世界上存在普遍的道德价值观。除此之外，本书还探讨了当今社会陷入的资本主义危机、技术危机和表象危机。至于我们究竟应该如何以"新实在论"的视角重新看待世界、反思社会现状，还需要亲爱的读者们自己来探索和思考。

　　（本文作者苏国凤为德国波恩大学哲学专业博士生，师从马库斯·加布里尔——编者注）

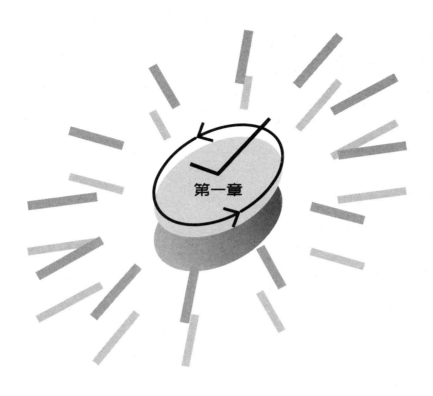

第一章

世界史
的时针回转时

世界正回归 19 世纪
时针回转的世界与"新解放宣言"

——

现实并非
独一无二,
而是有很多个。

世界正回归 19 世纪

欧洲走向崩溃

今天，以移民问题和财政问题为诱因，欧洲地区出现了一股倒退回民族国家时代的浪潮。欧盟最大的问题在于它内部存在着众多差异巨大的文化。中国不同省份之间虽也有不少地区性的文化差异，但在"全国一盘棋"的理念下，差异似乎被颇为巧妙地解决掉。反观欧洲，拿破仑和希特勒都曾试图用单一的"大欧洲"文化一统欧洲大陆，但他们的尝试都以失败告终。而今天的欧洲可以说完全陷入一个行将崩溃的状态。

实际上，欧盟从未提出过任何超越民族国家的新理念，各加盟国只在经济和军事上保有松散的联系，关系极度脆弱。其实民族国家这一身份可以说是虚构的叙事，也可以说是一种想象或幻觉（illusory）。归根结底，我们生活在一个充满幻觉和愚昧的时代。

所谓民族国家便是愚昧的具象之一。法国、德国、意大利、波兰、匈牙利等国家的文化都在不断向传统模式回归，不过尚未有人公然打出回归旗号而已；在默克尔的领导下，德国表面上将自己打扮成开放型的进步国家，虽然国内民粹主义政党仍保有17%的支持率，但影响力趋于下降。实际上，德国正在回归普鲁士主义的统治模式[1]。

无论出于何种理由，一度逝去的19世纪历史正在欧洲复活。不止在加紧脱欧的英国，欧盟处处都笼罩在这一氛围中，法国也不例外。说到底，欧洲诸国始终没有真正放弃自己作为民族国家的身份，比方说德、法两国间从未出现过美国的密苏里州和北达科他州之间的那种协作关系。

19世纪是欧洲最繁盛的时代。当时它获得了巨大的成功，堪称世界霸主。

---

[1] 指用立宪君主制统一了德国的普鲁士王国的统治模式。

战争催生的欧洲

首先我们来回溯一下今日欧洲的起源。从社会制度和政治制度的层面上看，今日欧洲或是欧盟，其实是第二次世界大战后为应对外部所施加的强制而形成的。换句话说，它是作为美国的"殖民地"诞生的。

在许多人看来，欧洲才是令不少国家沦为殖民地的罪魁祸首。但就制度意义上的欧洲而言，它已被美国的软实力殖民，如我们乐此不疲观看的奈飞（Netflix）等娱乐内容就是殖民地化的空间。第二次世界大战结束后，我们目睹殖民地的脉络不断延展，美国的许多新殖民地接连诞生。殖民地化的欧洲又将其他国家变成殖民地，直到今天这一状况仍在延续。

如前文所述，欧洲各国正密切回望19世纪的模式，并不约而同地加快了回归的步伐。在辉煌的19世纪，德国君主一手建立起大学制度，其目的是让德国人独霸诺贝尔奖，实际上他的目的也确实达到了。量子力学等物理学理论的发展皆应归功于大学制度，更直白地说，应归功于创建德国大学制度的君主。著名科学家爱因斯坦曾受雇于此的德国顶级学术研究机构"马克斯–普朗克研究所"

（Max-Planck-Gesellschaft）的前身是"威廉皇帝协会"（Kaiser-Wilhelm-Gesellschaft），"威廉"是创立该协会的德国君主的名字。该机构是19世纪欧洲的巨大成就[1]。

　　无独有偶，同时期法国学术界也群星闪耀。当时法国著名科学家和优秀人文学者层出不穷，如大名鼎鼎的数学家、理论物理学家亨利·庞加莱（Jules Henri Poincaré）、哲学家亨利·柏格森（Henri Bergson）和深受其影响的让-保罗·萨特（Jean-Paul Sartre）等。萨特曾于1964年获得诺贝尔文学奖，但他以"作家应该拒绝被转变成机构，哪怕是以接受诺贝尔奖这样令人尊敬的荣誉为其形式"的理由拒绝领奖。

　　美国以各种方法效仿19世纪的欧洲模式。美国先将德国的大学制度照单全收，之后注入巨资，在拷贝的基础上进一步改良。它战后接收了大量欧洲移民，最后成功地独霸了诺贝尔奖。在美国这片全新的土地上，19世纪的欧洲奇迹般地重现。而如今的欧洲诸国也在不约而同地努力，试图倒回自己的19世纪。

―――――――――

　　[1]　这一系列动向准确地说在第一次世界大战（1914—1918年）之前就已发生。作者所称的19世纪并非单纯数字意义上的19世纪，应是指第一次世界大战之前的启蒙主义时代。

国家规模的"拟态"

一般而言，今日在全球范围内观测到的许多潮流都是以"拟态"（一些生物为了捕食或隐身将身体的颜色或形状伪装得酷似周围植物或动物）形式出现的，而美国是拟态的始作俑者。从18世纪初期开始，美国不断向欧洲靠拢。美国人的日常用语是印欧语系的英语，建筑风格也是欧式的，只是建筑物的大小有区别。在来自欧洲的旅行者看来，美国像是欧洲版本的外国。不过这种相似只停留在表面，实质是不同的。

被称为美国独立战争导火索的"1773年波士顿倾茶事件"爆发后，美国就明确地划清了界线："准确地说，我们不是欧洲。不仅如此，我们从未是欧洲。"

直到今天，美国看上去都与欧洲十分相似，但它实际是一个与欧洲截然不同的新制度。如果用生物学意义上的拟态打比方，可以说欧洲的身体已遭美国窃取。通俗点说，也就是你以为的同伴其实是侵略者，它的身体实际上是假的。美国使用的正是来自生物学的策略。

近年来我们亲眼所见，中国现已是经济实力雄厚的国家，即使在世界头号强国美国眼中，中国的实力也与自己相差无几。试看上海的浦东新区，它的城市天际线比曼哈顿还要宏大华美，令人印象深刻。它的建设思路和曼哈顿也很类似。

这一意识形态可归于下一章将详述的物质主义范畴，但也有其特点：它制造出表象，表象背后隐藏着攻击，此为特洛伊木马式的拟态策略。美国曾将这一策略用于对付欧洲。

日本也不例外。东京的繁华地带看似20世纪90年代曼哈顿的改良版，从皇宫方向远眺东京的摩天高楼群，能感受到日本在90年代时想支配现代性（modernity）的强烈意志。

和中国的大都市或其他更华丽张扬的地域相比，东京的摩天高楼群并不显得多摩登，甚至看起来有些刻板与乏味。但在当时，它们的确有一种未来感，对曼哈顿的拟态十分到位。

作为全球最高水准的文明国家之一，日本至今仍从这种拟态中获益。更值得褒扬的是，就整体而言，日本国内在经济层面的不平等少得难以置信。但这些可被外界观测到的面貌其实也是一种拟态。日本在各方面都使用拟态，只是手法娴熟巧妙，于是成功遮掩了日本的真实面貌，外界无从窥探。

如今欧洲也在拟态游戏中粉墨登场。欧洲近年来一直努力扮演着"欧洲"。需要注意的是,如果欧洲看上去完全像欧洲,给人的感觉就是欧洲没有参与游戏,因为无从捕捉拟态。无论是前述的日本拟态还是美国拟态,我们都可以洞察隐身于拟态之后的游戏者,但欧洲扮演的却是它自己。所以无论是德国人、法国人,还是英国人,都是在自己国内斗来斗去。这一切都是19世纪以来反复上演的场面。在民族国家中,人们采用同种语言就事件做出说明,各承担功能,互相斗争。然而这也是拟态,在舞台背后,欧洲正进行着截然不同的游戏。

欧洲或欧盟没有《欧洲日报》之类的媒体绝非偶然。就电视媒体而言,有一个体育频道能覆盖全欧,但没有类似的报纸。欧洲各国都有自己的全国性报纸,但没有覆盖全欧的报纸。为何会如此?我认为这也是拟态。欧洲是想向外来者展现出"这就是欧洲"的感觉。

意大利是一个好例子。它恰如一个庞大的博物馆,谁也不明白里边正发生着什么。意大利是一个颇具革命性的地方,既抛出过西尔维奥·贝卢斯科尼(Silvio Berlusconi,意大利前总理)擅长想的那类坏点子,也有很多杰出、有力的想法。但这些从表面毫不可见。意大利的托斯卡纳是个历史悠久、风光宜人的观光地，在一般人看来，整个意大利就是托斯卡纳的扩大版，是一个古雅美丽的国度。这就是欧洲人的策略，展现出的一切像是欧洲，却并非欧洲。

不再有人追求真实

如今，旨在操控人们认知的行业（manipulation business）在全球范围内大行其道，从业者们运用庞大的资源竭尽全力地自我吹嘘，很多民众惨遭洗脑，以致错误认知层出不穷。比方说，只要提起社交媒体网络，我们立刻联想到美国的WASP（白人盎格鲁-撒克逊新教徒），觉得他们才是社交媒体网络的象征。

可事实并非如此。当你周游世界时，你发现无论去哪个国家，当地马路上跑的不是日系车就是德系车。最近我去阿根廷的布宜诺斯艾利斯出差，发现也是日系车和德系车的天下，一出门满眼都是丰田和大众标志。显然日本与德国在当地的影响力都不可小觑，但因为没有被可视化而无法察觉。世人看到的都是特斯拉（Tesla，美国的汽车品牌）代表的意识形态和脸书（Facebook）的经济价值。就实际性能而言，如果和奔驰相比，特斯拉实在不值一提。

正如前文所述，欧洲人和亚洲人参与生产链各个环节，但都是隐形的，无法被认知。德国出身的彼得·安德烈亚斯·蒂尔（Peter Andreas Thiel）是PayPal的创始人，也是著名投资家。德国波恩大学计算机科学的博士塞巴斯蒂安·特龙（Sebastian Thrun）在谷歌无人驾驶汽车研发团队中发挥着关键作用。但一提起创新，人们会联想到美国西海岸的金发创业者，却不会想到创业团队中有众多来自其他地区的成员。

现实的形态变了

在此我想严肃地说一句，WASP只是美国西海岸的表象，他们并不是创意的源泉。他们可能确实贡献出一些创意，但绝非全部。我也不否认，他们中有些人确实有很强的结构性能力。比如脸书的创始人马克·扎克伯格出身哈佛，他有极强的结构性能力，因此靠一个点子便获得巨大成功。但是如果没有拟态墙壁背后牵线人的配合输入（input），再好的点子也无从落地。

如今的世界充斥着各类不可靠的信息。这些信息之所以可信度低，不是因为写手的知识量不足，而是因为人们在如何判断真实上出现了偏差。现实的形态变得繁杂多变，这种变化在世界范围内出现，可又被掩盖起来，我们无从观察。我们日常接触的报道机构，无论传统媒体还是社交媒体，传播了过多被歪曲了的现实，因为无人追求真实。

因此"新实在论"十分重要。"新实在论"追求真实，它能给所有人力量。如果大众都对真实发生的事件追根究底，媒体也不得不改变它们的固有做法。媒体并非从一开始就想支配我们，他们之所以支配我们，完全是因为我们易受支配。媒体的支配不是攻击，而是对我们的提醒。

时针回转的世界与"新解放宣言"

急需重置的媒体

在时针回转的当今世界，"新实在论"实为新的解放宣言。我们要把自己从社交媒体的牢笼中解放出来，这一点尤为重要。社交媒体完全是一种拟态，它貌似社会，实际与真实的人类社会截然不同。在21世纪的今天，若要回归真实，必须找寻各类战略作为指导。我也在探索各种可能的游击战术，但并不会单枪匹马踏上征途。我会与林林总总的企业联手，以期共同解决问题。

具体而言，"新实在论"提示我们急需一种全新的媒体政治。时针回转的事实表明媒体正进入一个大的过渡期，所有的事象皆归因于此。对我本人而言，这也是要研究的最重要课题。我们现在必须着手改造媒体，创造出一种与现存媒体迥异的、类似于新型互联网的全新媒体。

要实现这一点，仅对现有互联网进行强化管理远远不够。管理再严格也无异于扬汤止沸，互联网不会发生根本变化。现今的互联网并不具备民主的形态，它既无法庭也未实现权力分立。一言以蔽之，互联网未能体现西方民主主义的基本结构，因此从非民主社会也能接入互联网并发起攻击。

来自某个国家的黑客无法直接黑入德国的法庭网站，也无法干扰德国法院的判决程序，但他们若对脸书发起攻击，任何人都无法采取有效的对策；同理，他们也可以对谷歌的搜索程序进行干扰。无论脸书还是谷歌，其安全保障系统并非人们想象的那么固若金汤。运营方当然会尽力维护系统的安全，但很难做到万无一失。互联网世界不存在万无一失，因为互联网本质上是一种为防止互相解读而将信息密码化的数学系统，而密码是可破解的，这是数字时代的特点，天下没有攻不破的防火墙。非民主的国际媒体空间建立在随时可能被攻击、被干扰的前提上，而这个媒体空间却是我们的主要信息来源。

我们平时在维基百科检索信息，但维基百科并不全面，其中也混有假信息。尽管我们对此心知肚明，但不需要准确信息、只想了解大概时仍会用它。诸如想了解日本天皇的相关信息时，首先会进入维基百科的页面浏览一番，不过一般只能得到粗略信息，无法获得优质的理论性叙述，这正是互联网的局限性。网络向我们提供被加工过的、甚至是被歪曲的信息，不断腐蚀着我们的知性。

互联网不具有民主性

说到互联网的民主性，我想举一个亲身经历的例子。

罗马尼亚有一位名叫加布里尔·瓦卡留的狂热哲学家。他在2014年前后对我提出指控，说"马库斯·加布里尔窃取了我的点子"。他还在全球范围的媒体上大声鸣冤，实际上他的指控根本是自说自话的"碰瓷"。他还自建主页，在上面"披露"有百余人剽窃他的论文，其中大部分"剽窃犯"是诺贝尔获奖者。据说他还给诺贝尔财团写信，说该给他颁发20个诺贝尔奖。

虽然只是被"碰瓷"，可维基百科上我的页面长期挂着一个名为"争论"（controversy）的单列条目。我的责任编辑提交了由波恩大学出具的证明公函，向维基百科说明根本不存在所谓争议，要求删除条目，但维基百科不为所动。大学出具的公函具有法律效力，也就是说以民主的正确性证明所谓盗用乃无稽之谈。但这封公函最终也没有被上传，因为它是官方提供的纸质文件，维基百科无法将其作为参考文献使用。最终我自己将公函上传到网上，维基百科才删除了条目。维基百科的用户虽然超过10亿，但有权删除条目的只有维基百科自己。

不光维基百科，互联网的所有功能基本都是反民主的。先人们通过长期斗争争取到了民主权利，却被互联网一点一滴侵蚀殆尽，互联网给现实世界带来的负面影响不可估量。比如，有意去参观博物馆时，很多人不再参考《孤独星球》之类的纸质导游书，而是点开维基百科，它会把你引导到特定的博物馆。在这一流程中，我们实际上被有指向性的参数支配着。但互联网上不存在类似法官的人物，无人阻止这类行为。互联网是一个非民主的环境，甚至可以说，互联网正在破坏民主主义的根基。民粹主义四处泛滥，即使在民主大国，非民主的决策也明显增多，原因在于现实世界与虚拟世界越来越相似，现实和虚拟能轻易相连。

本书对眼下我们所经历的价值的危机、资本主义的危机、民主主义的危机和技术危机的现状进行阐述，并试图探索解决方案。另外，这里列举的4个危机都可以用"表象的危机"来概括。阐述了4个危机之后，我们还要继续探讨何为"表象的危机"。从顺序上说，首先介绍我所提倡的"新实在论"，然后从价值的危机开始谈起。

第二章

为何现在
提倡新实在论

何为新实在论
新哲学有助于解决世界面临的大问题

我们可以
直接了解现实，
因为我们本身
就是现实的
一部分。

何为新实在论

"世界不存在"的真正含义

首先，我将简述"新实在论"（New Realism）的概念。"新实在论"由两个命题组成，而且两个命题属于不同层次。因此"新实在论"极具革新性，在哲学史上可称绝无仅有。

第一个命题是"不存在涵盖万物的单一现实"，它可以进一步简化为"世界不存在"这一声名赫赫的口号[1]。现实只会在各自的"意义场"出现（"意义场"一词将在后文详述），每一个现实都有一个"意义场"。因此"意

---

[1] 马库斯·加布里尔在其著书《为什么世界不存在》（日本讲谈社）中对世界的定义是"包括了不因我们的存在而存在的所有事物和事实，以及因我们的存在方可存在的所有事物和事实的全部领域"。

义场"不是一个，而有很多个。每个"意义场"虽属不同的领域，但它们都是同等的现实。简言之，现实没有高低之分。比如各种数字、费米子、玻色子、电视游戏、日本文化或正义，等等，它们都是不同的现实，都有着各自的"意义场"；梦境、情感、宇宙、过去或未来等也都是现实。可以有很多现实，但不存在包罗万象的现实。复数的现实也不可能被整合在一起，构成类似宇宙那样的巨大统一体。

比方说，宇宙虽然浩瀚辽阔，但电视游戏或电脑游戏并不是宇宙的一部分。当然，要玩游戏需要宇宙"出场"，也需要各种物理意义上的材料，如果想到电源，还涉及微观或介观（mesoscopic，物理学用语，指位于宏观与微观之间的领域）层面的要素。但电视游戏这个现实并不能还原到宇宙这个不同的现实中去。

现实不止一个

综上所述，我的第一个主张就是现实并非独一无二，而是有很多个。我们无法将诸多现实还原为一个单一的现实，无论在意识层面还是物质层面。如果有人认为可以将不同的现实还原为一个单一的现实，那是绝对错误的。可以说，我的这一主张完全否定了形而上学[1]的历史。

　　我的第二个主张与第一个同样重要，那就是"我们可以直接了解现实"[2]。理由很简单，因为我们本身就是现实的一部分。我之所以了解自己的精神状态，是因为我处于这个精神状态；我身处波恩这个城市，所以我能够知道我在波恩这个现实；因为学过数学，所以知道一些数字；因为玩过任天堂的电子游戏，所以对超级马里奥多少有点了解。现实是可知的，并不存在本质上完全不可知或因被隐藏而不可知的现实。这是我的第二个主张。

　　第一个主张类似于存在论，它阐述的对象是存在的事物和无限存在的现实领域；第二个主张类似于认识论，它的重点在于强调原则上每一个现实都是可知的。若向距离地球140亿光年的外界飞去，无论朝哪个方向飞，总有一天会撞到信息的壁垒，因为宇宙膨胀问题还有很多尚未研

----

　　[1]　metaphysics的译语，指以理性追求超越了人的感觉或经验的普遍性质和原理的哲学。

　　[2]　马库斯·加布里尔是作为对建构主义的批判来展开这一主张的。他认为"事实本身原本不存在，所有的事实都是通过我们自身的多重言词或科学方法建构出来的"一言是建构主义想象的产物，并将伊曼努尔·康德归为建构主义哲学家之列。他将康德视为建构主义的源流，并将其与提倡"思辨实在论"的甘丹·梅亚苏串联起来。

究透彻的部分。一般认为，一旦超越了地平线（人类能够获取信息的界限的物理学概念，指光都无法到达的距离）我们就无从得知存在何物，但这并不意味着"原则上现实可知"这一主张不再成立，因为如果有人通过某种办法能够（超越地平线）抵达，就可以知道那里有什么。现实不逃跑也不隐藏，这就是我的第二个主张。

"新实在论"广受关注的原因

那么，为何"新实在论"如此受人瞩目呢？

原因之一在于它是21世纪的哲学新发现。当然从社会学、社会经济学的角度也可以寻找到诸多理由，若简明扼要地概括，就是一个"新"字。尼采说"争论两千年也未诞生新的上帝"。在很多人看来，经过2000多年，哲学所有空间都已被前人踏遍，再没什么可供讨论的余地。然而事实证明这种想法是错误的——新的哲学论说终于问世。

原因之二是它与发生于社会经济、历史层面的诸多事实形成了"共振"。"新实在论"是数字革命带来的。在最近40到50年之间，世界完全被数字化。正如量子力学和相对论改变了我们对宇宙的认知一样，数字化的进程不仅完全改变了现实，也改变了我们对存在或不存在的认知。
为了适应自己身处的现实，人类会不断创造出新的精神现
实。"新实在论"是第一个能够应对这一变化的哲学，也
是后现代以后的首个"新哲学"。

由于"新实在论"能够应对现实，所以它既有实用
性又有通用性。此外，"新实在论"不受特定社会或文
化等条件的限制，它没有德国特色，是具有普遍性的哲
学。它和德国当然有关系，因为作为提出者的我受雇于
德国的大学，是一位德国哲学家，仅此而已。这一点也
尤为重要。

我相信，无论中国人、日本人，还是印度人，其所思
所想和我在本书中呈现出的大同小异。在人性这一点上，
理论的提出者和批评者之间不存在任何不同。所以本书
讲述的不是专门面向德国人的古典哲学，而是真正普遍性
哲学。

现实与虚拟的界线日益模糊

还有一个重要的因素。身处数字时代的我们可能或
多或少地有一种感觉，那就是我们逐渐失去了和现实接触

的机会。社交媒体平台、民粹主义政治、独裁主义者的谎言……我们与事实（或真实）之间的关系不断发生着变化，现实和非现实的界线已变得非常模糊。

所谓界线模糊，其实是现代的意识形态。对事实与假象之间、虚构与事实之间的界线正在变得模糊的认知源于后现代的哲学思考[1]，而"新实在论"会使现实与虚拟之间的界线再次变得分明。

本世纪发生了什么呢？简明扼要地说，就是右派政党巧妙地窃取了左派哲学家的术语（jargon）[2]。20世纪90年代的法国理论，还有世界上其他的理论，统统被塞进了保守意识形态这个大口袋。

唐纳德·特朗普实际上等于尼采。他所面临的问题正是现代尼采主义者的问题，他的登场具有一定的时代必然性。他把尼采和20世纪90年代让·鲍德里亚著作里的论述变成了现实。

---

[1]　针对后现代思想，马库斯·加布里尔如此评论："人类壮大的承诺（宗教和现代科学等）未能兑现，后现代思想试图彻底摆脱传统的束缚"，"然而，为把我们从这些幻想中解放出来，后现代炮制了'我们都陷入了各自的幻想之中'这一新的幻想"。

[2]　jargon，意指在特定职业或群体里使用的专门术语，或是只有小圈子的成员才懂的"黑话"。

让·鲍德里亚在其著作《美国》（原作名 *Amérique*）中写道，美国迟早会出现用发型塑造形象的总统。可以说在唐纳德·特朗普出现前，鲍德里亚已预见到总统的发型早晚会成为人们的话题。

在全球范围种种现象以民粹主义或独裁主义的形态出现。这些现象目前还没有更合适的叫法，但很多人都感到政治模式正在发生变化，这种变化与现实/虚拟之间界线的解构（deconstruction）密切相关。再次强调，"新实在论"能使现实与虚拟之间的界线再次分明起来，它是对现代意识形态最严厉的批判。

哲学有着对身居权力宝座的"肉食者"做出批判的传统，近代出现的"批判理论"正如是。若列举德国的例子，请想想狄奥多·W.阿多诺[1]和尤尔根·哈贝马斯[2]。那么权力的问题究竟在哪里？简言之，就是它没有成为哲学性的权力。

---

[1]　德国哲学家、社会学家、音乐评论家、作曲家，与马克斯·霍克海默和尤尔根·哈贝马斯同为法兰克福学派的著名思想家。通过研究支持纳粹的一般民众的心理倾向，总结出权威主义个性的特点。他也是测定独裁主义态度的法西斯量表的研发者。

[2]　德国社会哲学家、政治哲学家，第二代法兰克福学派思想家。公共领域理论和交往行动理论的第一人。

"新实在论"并非与政治不断斗争的哲学，而是以全新方式在全球范围开展合作的提案。这也是"新实在论"被称为"新"的原因。

什么是"意义场"

"新实在论"的一个重要概念是"意义场"。所谓"意义场"就是在进行特定的解释时，如何将对象进行排列的意思。假设我们现在身处图书馆，以"如何在图书馆找书"这个视点解释"意义场"的含义。我们怎样统计书的数量呢？一般会一本、两本这样数，因为书以本为单位。就我们所处的环境而言，这种数法是合理的测算方法，我们在图书馆，所以要数书的本数。

但在数字时代，数法就不仅如此。我们不仅可以数本数，也能数类别数，还能数页数，甚至制书过程中使用的木材量也能成为计算的对象。书会老化的实际情况也可以考虑进去，因为书籍的老化程度也可以量化。

上述行为（在图书馆数本数）并不具有特别的性质。书的页数、字数、信息量，捐赠图书的组织团体数，制作出版的机构数等一切都是真实的，只是使用的测定规则不同。我把测定的规则称作"意义",这里说的"意义"和语言学"意义论"的"意义"是同样意思[1]。

这些"意义"完全独立于人的精神而存在,这并不奇怪。即使人的精神完全灭绝,银河或费米子也会继续存在。当然书会老化,人类灭绝几十年后许多书也会消失。但如果人类现在就灰飞烟灭,书籍、数字、信息都会留下,仍然可以对其进行分类。

用新实在论数"3个立方体"

在此举一个更简单的例子。请大家想象一下,有一张桌子上放着3个立方体,颜色分别为蓝、白和红。如果有人走近桌子,我们问他桌上有几个物体,被问的人一定会数数立方体,再回答"有3个"。如果来的是理论物理学家沃纳·海森堡,他可能要统计原子的数量,并说出大得吓人的数字。假如来的是法国总统,他也许会回答"1个",因为蓝、白、红3种颜色组合在一起是法国国旗。当然,来的人也可以数立方体一共有多少面。也就是说,你计数的对

[1] 关于"意义"的定义,马库斯·加布里尔还说过"所谓意义,就是对象的现象方式"。

象是"意义"，只要决定了"意义"，就能顺理成章得出问题的答案。当然，如果你只是问桌上有几个立方体，正常人的答案都会是"3个"，这不会成为开放型问题。

所以立方体、人、城市等存在的事物都可以成为问题的答案，不管任何时候，实际存在的事物都可以成为答案。如果问题是"意义"，答案则是"场"。对象存在于"意义场"里，因为对象的本质就是针对问题的答案。

一切都是同等程度的现实

也就是说，我们有必要对计数方式做出界定，我将它称为计数规则（a rule of count）。一切都始于"你对什么感兴趣？"这一问题。请大家想象一下德国波恩这个城市。假设你对波恩的认知是"一座城市"，但你和我脑中关于城市的概念可能有所不同：德国人喜欢从人口角度去思考城市，这是德国人的城市观。

刚到东京的德国人可能首先想弄清楚东京有多少人口，但东京人可能并不关心这个问题，大多数东京人不知道东京的准确人口。所以虽然说的都是同一个"东京"，但具体意思可能不同。东京从哪里开始，到哪里结束？东京与东京之外的界线在哪儿？做人口调查时这些都非常重要，界线划在何处与人口数直接相关。要了解东京有多少人口，首先得理解存在于东京的各个系统。当然，此处我们只需要一个关于人口数的答案，并不要求得出其他关联问题的答案。但了解城市的概念有助于计算事物的数目，也有助于考察各种现实。

　　"新实在论"阐述的一个关键点是"不存在与众不同的、带有某种特权的概念"，也就是说一切概念平等，表达的都是同等的现实。仍回到波恩的例子，我们不仅可以用人口这个概念来观察波恩，也可以从有多少条道路之类的基础设施层面考察；当然也可以从GDP的角度去判断波恩市民的富裕程度。以上都是合乎逻辑的问题，所以会有一个明确的答案；如果给不出答案，只能说明现实过于复杂。

　　我们举一个因过于复杂而无法得到答案的例子。如提出"现在印度全国一共有多少条鞋带"的问题，估计任何人都无法知道答案。比如再问："现在印度全国低于2欧元的鞋有多少双？"从理论上说，"印度一共有多少条鞋带""印度有多少双低于2欧元的鞋"这两个问题肯定有答案，只是我们不大可能把准确数字弄清楚。也就是说现实的复杂程度超出了我们能实际操作的范畴，虽然我们知道必然有明确的答案存在。

由于数字不断变化，概念也在不断变化。"日本人"这个概念也一样，因为人不断出生，也在不断死亡，"日本人"的人数在不断地变化。此外，概念的扩大，也就是以什么为概念进行分类，也是变化的因素之一。所以概念也好，它的对象也好，都在不停变化着。

这就是"意义场"的概念。概念的意义（meaning），即意图（intention）才是我称之为意义（sense）的东西。和"意义"相呼应，在现实中发生的是"场"。没有任何事物存在于"意义场"之外，所有一切都发生在与之有关联的语境当中。

新哲学有助于解决世界面临的大问题

"新实在论"带来的巨变

　　学会用"新实在论"看问题，我们的视点（perspective）
会发生决定性的变化。我们对于身处的现实缺乏明确的
定义，对虚构或虚拟的定义同样模糊，但我们必须在两
者之间画出界线。我们朦胧地感觉"不该过度依赖网
络"，但技术相关行业的人们却坚信使用网络多多益
善。现代的世界秩序中，关于"何为人类"并没有明确
的图景。我们被世界操纵与推动，但始终没有被清晰地
定义。

　　"新实在论"试图给我们一个明确的定义。它和不
同科学领域合作，从身处数字革命中的人具有何种知识能
力、能起到何种作用的角度进行定义。如果能学到"新

实在论"的思维法，就能确认自己是谁，并了解自己该做什么。若不知自己是谁，就无法回答伦理和社会相关的问题。

举一个简单的例子。假设海豚拥有接近人类的大脑，因而有着用语言进行思维的能力。它们在大海畅游时，可能会用海豚语思考气候变化的问题，如"人类不该肆意破坏环境"等。

如果海豚拥有如此思维能力，我们人类必须设法与其沟通，对待它们的方式也要随之改变，因为这样的海豚相当于住在海洋中的穷人群体，它们一无所有，是典型的贫困阶层。如果说海豚和人类相似，我们对海豚的定义也要改变。我们该如何对待它们？能把它们杀来吃吗？即使有人给出肯定的回答，回答的方式也会做出调整。

如果看似有逻辑地做出肯定结论，也就是说海豚可吃，也许有人会接着问："可不可以吃人呢？"为了否定这个"大不韪"的问题，需要进行讨论。有人会说："人不能吃，但海豚可以吃。"那原因为何？给出的理由足够正当吗？当然很多人并不想吃人，但不吃人的理由到底是什么？为什么我们会认定吃人是坏事？

关于以上问题，"新实在论"会帮我们给出答案。

以"新实在论"的视角来看，如果海豚和人类相似，我们就不该吃海豚。至于海豚是否愚蠢，与是否可以吃并不相关。如果愚蠢被当成海豚可吃的理由，接下来我们就可能会直面"不太机灵的人是否可吃"之类的伦理困境。总而言之，"新实在论"能教会我们许多重要的伦理问题。

如何讨论气候变化问题

再举一个气候变化的例子。一般而言，没人真心盼望人类因全球气候变暖而灭绝。虽然我们时不时听到"就算人类不存在，气候依然会变暖"之类的说法，对此我们搁置争议，不予置评。我们急需关注的是一个伦理上的问题，也就是"若想改变全球气候变暖的现状，我们该怎么办"。谁也不想看到人类于数百年后灰飞烟灭，谁都想保住一个绿荫遍布的地球。迄今为止，人们提出的各类解决方案层出不穷，其中之一就是彻底停用煤炭、石油等矿石燃料。若采取不同视角，也会得出迥然不同的方法，比如有人认为如果科学地使用矿石燃料，即使用量更大，也完全可能缓解气候变暖问题。不过若真在地球上推行此方案，也许会对人类社会的其他方面造成影响。一言以蔽之，解决方案也好，问题也罢，都包含了多种要素。想琢磨出一个妙招一劳永逸地解决问题，无异于天方夜谭。

环境问题迫在眉睫，我们却并没有进行认真的讨论，只是争先恐后地进行"提案比赛"，传统媒体也好，社交媒体也好，都是硝烟密布的战场。有人说阻止气候变暖需要更多的森林绿树，就有人反驳说吃肉才会破坏环境，我们急需培养更多的素食主义者。接下来又有人反对，认为素食主义者无须再多。唐纳德·特朗普刚说必须多用矿石燃料，德国的绿党又出来说，矿石燃料少用点也无妨。

重要的是正确与否

究竟何人在发言其实并不重要，重要的是发言是否正确。但无数人争来吵去，竟然没人站出来明确这一问题，着实耐人寻味。

一个人的意见或主张正确与否，这才是重中之重。人们都滔滔不绝地发言，有时还会信口开河，但这样的发言无法让我们更接近现实。想要接近现实，必须先一起去解读它。而"新实在论"的思维模式引我们走上正途：发言者是谁并不重要，重要的是发言是否有明确的根据与令人信服的理由。简言之，就是发言正确与否。

从古到今，我们都以"理性"（rationality）为善，认为怎么重视理性都不为过。但在现代，人类的理性似乎被忽视了。近年来"后真相""后真实""替代事实"等话语甚嚣尘上，这正是理性遭受冷遇的表现。人们不再为辨明真实与否反复对话，反而认为真实与否已不再重要，不如把一切都看作虚假。

可实际上何为真实是至关重要的问题。如果按现今的方式持续破坏现实，人类真可能在200年以内灰飞烟灭。在这样的时代，重要的是思考"究竟何为人"这一问题并给出答案，这是我们避免最终自毁的唯一方法。

现代性将毁灭人类

此处我们引入"现代性"。所谓现代性始于何时？一般可以将法国大革命（1789—1799年）作为现代性的起点。从全球范围来看，对全世界人类带来影响的现代性始于18世纪的某个节点。不仅法国大革命，美国独立战争也应该有一席之地。这些革命以工业化、技术进步的形式在全球扩散，可称现代性真正的摇篮期。之后200年间，伴随着工业化的迅猛发展，人类自毁的进程也在持续演进。

但自毁的进程往往是隐形的。科技在进步，医学不断带来新的可能。人的寿命持续延长，经济发展让人们尽享富足，我们很难透过繁华表象洞察出我们正走在自毁之路上。心理学家斯蒂芬·平克[1]（Steven Pinker）在其著作《当下的启蒙——为理性、科学、人文主义和进步辩护》（*Enlightenment Now: The Case for Reason, Science, Humanism, and Progress*）一书中写道，人类社会看上去诸事顺遂。但现实恰恰相反。我们目睹着地球上出现人口过剩、核武器、气候变暖导致的自然灾害等，无论哪一项，都说明人类正在自毁之路上狂奔。工业化的历史就是不断破坏人类在地球上的存活可能性的历史，我们必须要

[1]　哈佛大学心理学教授、认知科学家、实验心理学家。其著作《当下的启蒙——为理性、科学、人文主义和进步辩护》在美国成为畅销书，比尔·盖茨赞其为一生爱读的好书。

让世人明白这一点。

　　诚然，从统计的角度来看，第二次世界大战后全球范围内的贫困和暴力的确在减少。这也是斯蒂芬·平克的主张，我并不否认这一点。但以我父亲为例，从平均寿命之类的统计数字来看，我父亲能活到80岁，但他因肝癌死于63岁那年。我父亲生前是一名园艺师，他常年使用的除草剂可能是导致他罹患肝癌的罪魁祸首。当时谁都不知那种除草剂的危害，以致肝脏在不知不觉中受到了不可逆的损害。

　　从统计角度来看，我父亲应该还活着，而现实恰恰相反。统计数字显示，德国人每月都有若干收入，大家似乎都活得不错，但是每月顶多挣300欧元的人算哪一类呢？统计的确是验证各类过程最妥当的方法之一，但现在我们必须思考，为什么说看现实的"方法"尤为重要。我们不要管斯蒂芬·平克相信什么，而应在更宽广的语境中思考什么正在发生。

统计型世界观背后隐藏着什么

一旦拓宽语境，我们便发现斯蒂芬·平克的主张是错误的。无须怀疑，现代性引发人类的自我毁灭。纵观人类历史，没有任何事物能比现代科学释放出更强大的杀人能量。

让我们聊聊第二次世界大战。日本和德国分别在亚洲与欧洲挑起了战争，假如没有现代科学加持，两国想发动战争也难以实现。战斗机等机械都是现代科学的产物，稍微想想我们便会明白，如果没有现代科学，德国根本无法在西欧揭开二战的序幕。纳粹德国是不折不扣的科学帝国，因此它才有长期作战的实力。德国本是一个欧洲小国，只用5年时间便实现了军工产业化，之后四处出击，并将战争持续了10年之久。若无现代科学的支撑，这一切无异于天方夜谭。和崇尚统计的世界观一样，现代科学也同时带来了破坏的程序，正如一枚硬币的两个面。

但我们难以观测到现代科学"恶"的一面。美国的意识形态属于自然主义，在美国人眼中，自然科学或将自然科学应用于经济学和技术生产都是不折不扣的"救济"之路。有投资意愿？一股脑投向自然科学就好，其他领域可以不管，这就是所谓自然主义。这种观点比其他任何观点都危险，因为它蕴含着更强大的杀人能量。

美国式自然主义实际上是对现代性的歪曲，这种错误的世界观会杀人。

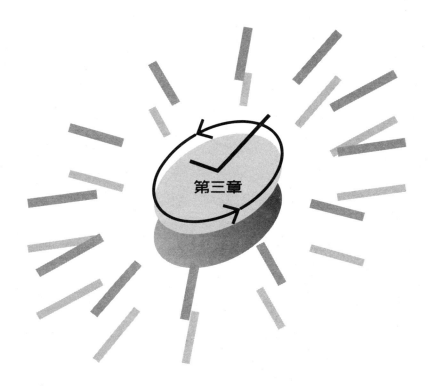

第三章

价值的危机
非人化、普遍价值、虚无主义

读解"他者"的产生机制
围绕价值的斗争还在继续
日本应发挥的作用

人性
具有普遍性，
我们却对此
视而不见。

读解"他者"的产生机制

纷争因何而起

人们常说："普遍道德价值观（universal moral value）放之四海而皆准，只是表面被不同文化覆盖了一层而已。"果真如此的话，为何异国、异族之间会起纷争呢？

一般而言，不认同对方价值观的人们聚在一起才容易发生纠纷。如果没有价值观的冲突，一般不会有纷争或战争。假如我们发现对方与自己有着共通的人性，根本不会发动血流漂橹的残酷战争。所以说想正儿八经地打一场仗，先要把对方"非人化"（dehumanization），少了这一环节，我们就难狠下心将枪口瞄准对方。

如今美军在战场上大量启用无人机、推行电脑游戏操控战场的策略也是出于同样的理由。美军士兵在远程操控坦克和无人机时，其体验和玩电脑游戏相差无几。歼灭敌军和在游戏里打爆丧尸脑袋是同样的感觉，尽管倒下的是活生生的伊拉克人而非虚拟的丧尸。这种杀戮行为和古代日本武士用武士刀将敌人斩首完全不同。

这就是所谓"非人化"。人人都明白杀人是彻头彻尾的恶行，对人施以酷刑也一样。正常的人不可能把婴儿从窗口抛出去，这就是普遍价值观。对非洲人、俄罗斯人、中国人、日本人、德国人来说都一样。在这里说句玩笑话，也许迈克尔·杰克逊做得出来（笑）。想象一下迈克尔·杰克逊把婴儿从窗口抛出去的场景，大家一定觉得不可接受，这是人类共通的本能反应，换个说法就是普遍性。

身体疼痛时人的反应也是共通的。当然也可以体验一下日本武士的"气概"，假装感觉不到疼。但普通人感到疼时一定会有特定反应，因为我们都属于同一物种，是同一种生物。所以说普遍伦理学有着生物学的基础，毕竟无论居住在哪儿，全世界人类都是同一物种。

正因如此，想要攻击对方，就得先编织一个"非我族类，其心必异"的故事。强调对方文化的"异质性"，不管异在何处，都能成为煽动战争、攻击对方的口实。我们沿用这种机制来源源不断地制造出"他者"。

语言和文化如同软件

当然所谓文化的"异质性"并非全盘编造，实际在很多时候真实存在。与日本不同，漫画在欧洲算不上广受欢迎的大众文化。日本国内有着庞大到令人难以置信的漫画市场，甚至连日本年轻人的精神状态都有点漫画化，但我对漫画就没什么兴趣。即使我有机会结识日本年轻人，比如一同去旅行，但在漫画这一点上，我和他们没有可共享的文化背景。这就是文化的异质性。

虽然我不看漫画，但会看日本年轻人没看过的德国电视连续剧，在这点上我可以和我的德国妻子分享感受；若是要分享漫画的感受，别说和日本的年轻人，我和我的妻子都没法分享。我妹妹是个漫画粉丝，她可能更接近日本的年轻人。即使如此，她和日本年轻人之间的文化差异也无法抹平，虽然差异并没有很大。

需要澄清的是，上文并不是在比较我和日本年轻人哪一方更具人性。无论爱看漫画还是爱读歌德，与人性的多少都毫无关系。有的人喜爱歌德，有的人喜欢漫画，仅此而已，没有什么深层的差异。不过二者之间存在着深层次的异质性。何为异质性？日语和英语的差异不是像安卓和苹果手机那种硬件上的差异，而是软件上的差异。说日语的日本人和说英语的美国人像用着不同的软件，二者的思维方式完全不同，这就是异质性。

任何语言都能翻译成其他语言。日本的俳句翻译起来相当不容易，但那不是因为语言，而是文化之间的差异。

一个优秀的俳人（俳句诗人）和华莱士·史蒂文斯（美国著名现代诗人，1879—1955年）没多大差异。想真正理解俳句需要学日语，但并不是说如果华莱士·史蒂文斯的读者不理解俳句，就不如俳句的读者有人性。

现代人类社会的大多数成员都相信文化相对主义。什么叫文化相对主义呢？简单地说，就是人可以按所使用的"软件"进行区分的思想。在文化相对主义者看来，21世纪的漫画粉丝、俄罗斯娼妓有着完全不同的价值体系，但事实并非如此，他们没有想象的那么不同。假如把俄罗斯娼妓和来自东京高级住宅区的少年漫画粉丝塞进同一个屋子，再让他们想象一下迈克尔·杰克逊把婴儿扔到窗外的场面，他们一定会有相同的反应，这就是人性。

人性具有普遍性，我们却对此视而不见。但这也事出有因，因为全球规模、没有硝烟的网络战争正在发生。我甚至认为，现在泛滥成灾的文化相对主义，其功能之一就是将反民主的互联网正当化。

思考道德时必要的3个类别

上文提到全世界人类都是同种生物，作为人类，谁都不想看到婴儿被扔出窗外。有人或许会问，伦理观是否会随着时间和地点的变化而变化？在某些时代或某些文化中，乱伦被视为不必禁止的行为；德国莱比锡市就有一起亲兄妹乱伦并生育4子的真实事例。而在另一些时代或另一些文化中，乱伦则被视为绝对禁忌。抛开时代背景和语境，很难简单地说哪一种文化才正确。若以此例来说明何为文化相对主义，那就是"鼓励乱伦的文化和鄙视乱伦的文化都没有错"。这就是典型的相对主义看法。再比如说，比起美味的寿司店，我更爱去麦当劳解决吃饭问题，这也不是什么错误观点——这是美食相对主义。美食相对主义认为，谁爱吃什么就吃什么，想吃什么都没错。

不过否定相对主义的人会说，没有都对的道理，两者间一定有一个是错的。回到寿司与麦当劳的例子，既然有美味寿司可选，选麦当劳就是错的。就算每天都去麦当劳，错的就是错的。虽然人们实际上对道德规范抱有不同看法，但在否定相对主义的人看来，正确的意见只有一个。

客观地说，乱伦能否定性为恶并不属于道德问题，它属于中立问题。道德有3个类别，可能存在程度上的差异，但基本可分为"善"（good）、"中性"（neutral）、"恶"（bad）3类。特蕾莎修女致力于拯救所有人的善行是典型的"善"的例子，而"恶"类当然包括希特勒的反人类恶行，"中性"类则包括今天衬衣选长袖还是短袖之类的问题。穿长袖还是穿短袖虽然是我们每天早晨都要做出的选择，但它算不上道德问题。

以善恶来看待对方是错的

前文谈到去除偏见需要精神锻炼，下面来谈谈具体的例子。

就我的人生而言，最幸运的事就是在我还是少年时父母将家搬到了当时西德的首都波恩。我到波恩后进了一所高中，各国驻西德的外交官子女都在该校就读。班级同学几乎全是穆斯林，还有些印度教教徒，我当时的女朋友

就是印度驻西德大使的女儿，我有很多接触印度教文化的
机会。

几乎所有同学的外貌、服装或文化背景都完全不同，
而且我最好的朋友是个穆斯林，因此他身处的现实我也多
少感同身受。现在我认为这种交流是最好的精神历练，正
因身处这种特殊环境，我才能克服偏见。

我的好朋友中有一个14岁来到德国的阿富汗移民，现
为明斯特大学伊斯兰神学和哲学教授。他把《古兰经》译
为德文，获得多个奖项。他还用波斯语写诗，也懂印度文
字，算是一个真正的天才。

剥夺人的人性有两个办法，一为认定对方是恶，一为
认定对方是善。本来并没有善恶之分，对方也好，自己也
罢，都一样是人。

在2015年，德国全境充满了欢迎外国移民的气氛，几
乎所有德国人都毫无保留地对移民张开双臂，当时我就指
出这一风潮愚蠢又荒谬。为什么要欢迎移民？他们都没欢
迎过我。我坐电车抵达慕尼黑车站时，从来没人赶过去欢
迎我。我有住在慕尼黑的权利，但没有受欢迎的理由。

其实，对移民的无原则欢迎与对他们人性的剥夺直接
相关。为保障移民的人性，反而应该表现平淡，似乎意识

不到他们是外来难民。如果我是那些移民中的一员，刚到慕尼黑车站就发现有500人等着欢迎我，我可能会魂飞天外，甚至觉得有生命危险。表面上看似大受欢迎，实际上可能要命。

我记得路易·C.K.（墨西哥裔美籍喜剧演员，擅长黑色幽默）在自家节目里说过（可能并不完全准确，但的确是这个意思）："有人拼命去德国，就为了进德国的难民收容所。我要对他们说，如果德国人回忆起其实能对收容所里的人为所欲为，你们后悔都来不及。一心想进德国难民收容所的人们，赶紧悬崖勒马吧，去那里绝对不是好主意。但这就是2015年正在发生着的现实。"最近德国欢迎移民的气氛已开始降温，新右派的发展势头超出人们的想象。

在"新实在论"的思维框架中，"不把对方看作是特定个性的代表"是重要原则之一。尽管他们有着体现当地各种传统行为模式的自我认知，但无须因此对他们表达敬意，更不必妄加赞美，当然也不能横加蔑视。

学习"意义场"为何有必要

没受过数学训练就编不了程序。不学习就什么也读不懂，顶多知道些浮皮潦草的表层知识。要克服特定的偏见，就必须接受这种训练。

训练的钥匙就是"意义场"。做出某种决策前，必须先弄清相关人和物之间的关系，以及支配各种现象的规则，即对"意义场"进行研究和学习。

如今我们直面 "表象的危机"。这种危机表现在很多人以错误的方式将"意义场"表象化，结果是与表象而非"意义场"建立起关系。比如第二次伊拉克战争就是基督教的恐怖主义。时任美国总统的小布什在发言中用了"神"这个词，也就是说美国以"神"之名发动了对伊拉克的攻击。有人说那只是战争，并非恐怖主义，但小布什的目标显而易见是石油或别的物资，那是一种不折不扣的恐怖袭击。遗憾的是持这种观点的人寥寥无几。

有些人可能会认为，基督教和其他宗教比起来没多大危险。这是彻头彻尾的误解。在人类历史上，哪个宗教夺去了最多人命？虽然无法给出准确数字，但依常识判断十有八九是基督教。看看基督教的全部历史，也就是它的

"意义场"，就会一目了然。为建立基督教帝国，多少人惨遭酷刑？多少人被夺去生命？

但对人类而言，现代科学比所有宗教都更有害。无论绝对数字还是相对数字，有史以来所有宗教杀的人远不如现代科学多。至于现代科学的错误，后面的章节将会详细论述。

围绕价值的斗争还在继续

冷战并未结束

　　大约30年前，美国政治经济学家弗朗西斯·福山[1]（Francis Fukuyama）出版了一本名为《历史的终结及最后之人》（*The End of History and the Last Man*）的书。他在书中主张，既然冷战已告终结，美国主导的理性主义、民主主义与经济发展相结合，将会给全球带来幸福，再也不会有大的纷争。

　　我认为福山犯了一个巨大的错误，这本书实际成了我称之为"后现代主义"思潮的导火索。当然，在法国等

---

[1]　日裔国际政治学者，曾任美国国务院政策规划局副局长，现任美国斯坦福大学弗里曼·斯伯格里国际问题研究所高级研究员。《历史的终结及最后之人》一书出版于1992年，是其1989年所发表论文的扩写。

国，这本书问世之前就已出现"后现代主义"的雏形，但此书无疑起了决定性作用。福山的错误在于他把后现代主义的进程隐藏了起来。这是任何人都可能犯的错误，福山并非有意为之。他是一位优秀的学者，他只是在对未来做出预测。既然是预测，谁也不能保证总是准确。他在最近的著作《身份：对尊严的需求和怨恨的政治》（*Identity: The Demand for Dignity and the Politics of Resentment*）一书中对自己的错误做了修正，他是一位诚实的学者。

即便如此，我们仍要强调《历史的终结及最后之人》犯了危险的错误。何出此言？作者对黑格尔的理解不够透彻，因而影响了现代哲学家、政治学家、社会学家和历史学家的思考模式，让黑格尔成了他们思想的根据。所以我认为《历史的终结及最后之人》一书中的主张基本都是错的。冷战并未出现赢家，只是变形为针对中国的战争。而且人们都忘记了冷战不只是美苏两国间的战争，而是资本主义与共产主义这两种主义间的战争。

没有任何一个国家在冷战中获胜，只是各国的领土发生了一些变化。仅仅是前线变了，冷战本身并没有结束。

弗朗西斯·福山的黑格尔主义

和其他人一样，弗朗西斯·福山也把柏林墙的倒塌看成冷战结束的标志。其实柏林墙不过是冷战众多前线中的一个。今日的社会现状表明冷战并未结束，它仍在持续。我们的对手比想象的更为强大。

我们亲眼看到冷战并未结束，只不过是前线发生了变动。弗朗西斯·福山也犯了同样的错误，不仅如此，他还犯了新的错误。在其近著《身份：对尊严的需求和怨恨的政治》中，他通过该书兜售的叙事说到底就是文化相对主义。他从一种叙事转向另一种截然相反的叙事。而最可悲的是，这两种叙事都是不正确的，因为它们都把历史看作是自动的行程。

这就是弗朗西斯·福山的黑格尔主义。他原认为历史服从于行程，后来他有所反省，并坦言在《历史的终结及最后之人》中他误解了"行程"。但他根本性的错误在于他认定历史存在着行程，所以他在新著中再次犯了错。因此基于同样的理由，他的预测注定是错的。

我们活在尼采于19世纪描述的世界

弗朗西斯·福山著作里提到的"最后之人"（the Last Man）原是尼采的发明。在与捷克经济学家托马斯·赛德拉切克的对谈（日本NHK BS1的特别节目《欲望的资本主义2018》）中我曾说"当今社会出现了一种'当好人真疲惫'的感觉（对移民的排斥等）"，这说到底是尼采说的"消极的虚无主义"。从这个意义上说，世界的时针真的已回转至19世纪。今日的世界已经接近尼采所说的"最后之人"身处的环境。

所谓"最后之人"指的是为逃避痛苦，无论付出多大代价也在所不惜的人。比起去扛枪打仗，宁愿抿着葡萄酒通宵达旦打电子游戏，这就是追求安逸生活的21世纪的民众画像。

近些年来"超人主义"[1]成了甚嚣尘上的热门话题。但人类进化的方向不是变成尼采所说的"超人"[2]，只可

[1]　指试图运用新兴科技，如身体扩张或生化电子人等手段减少衰老与死亡，挑战人类生物学极限的思想。

[2]　尼采的著作《查拉图斯特拉如是说》中的概念。英文为superman、overman。是能取代基督教的上帝、内置有价值标准的理想人。尼采主张人类社会需要产生这样的"超人"。

能变成他说的"最后之人"。

尼采对"最后之人"充满蔑视。在他看来，"最后之人"编织出种种幻想，幻想自己永恒不灭。尼采希望自己变成动物，他想感受濒临死亡的事实，想感受"现实混乱而危险，是生物性的存在"这一事实。这就是尼采精神的中核。"最后之人"却费尽心机地回避自己终有一死的事实，甚至制造种种障眼法（smokescreen）帮自己达到回避的目标。

于是尼采就成了一把钥匙，帮助我们理解海德格尔为何将人定义为"向死存在"（being towards death）。海德格尔提倡的"死"之概念其实只是一种策略，让我们能够成功回避我们终将走向死亡这一事实。理解了尼采和海德格尔，就能轻而易举看出以色列历史学家尤瓦尔·赫拉利[1]等人关于死亡的种种论说完全是幻想。在赫拉利看来，如果将人的脑体内容上传到计算机，人就变成不死不灭的存在，这当然是荒唐的想法。如果当真成为现实，那真正的"最后之人"终于在世界出现了。从这一意义上讲，我们果真在有条不紊地按着尼采事先写好的脚本生活。

---

[1]　以色列历史学家，希伯来大学教授。在其著书《未来简史：从智人到智神》中提出了超人类主义出现的可能性。

建立伦理学科刻不容缓

在虚无主义已然覆盖全世界的今天，我们该如何应对？是否还有超越虚无主义的可能？

人不会自动成长为虚无主义者，关键在我们教孩子如何看事物上。如果我们教给孩子"道德现实主义者"（moral realist）的思维方式，结果会如何呢？"道德现实主义者"相信世界上存在普遍的道德价值观，他们认为，为了追求正义，必须致力于寻找这种普遍价值观。如果能通过言传身教的方法，让孩子接受这种价值观，他们将来一定能长成有强大主体性的人。

如果是我，我就要这样教育孩子。不少国家的政府机构都曾咨询过我，询问该如何在小学开设哲学课程。我的建议是，试着想一想如何给刚开始学数学的孩子解释难一些的事物。数学自有其客观性，在学数学的过程中，或对或错，必须要进行二选一的抉择。总而言之，学数学很难，如果换成学习伦理（道德）会简单得多。

因为我们没有在小学阶段把伦理（道德）当成正式学问来讲授，所以建立不起道德规范，我们的道德思维水平才如此糟糕。假如不好好教孩子数学，孩子长大后数学能力和逻辑思维能力一定非常糟糕。同理，视道德教育可有可无，孩子们会变成缺乏道德观念的人。无须再询问是否需要教授道德，它是必须教的科目。

　　与数学一样，教道德观的伦理课也是一门学科。因为从未教过，所以大家习以为常地认为它不是专门的学科。德国小学没开设伦理课，代之以宗教课，这也是不对的。6岁孩子该学的不是宗教，而应是伦理。上伦理课的时候，老师应告诉孩子们道德有其客观性，并通过引导讨论，加深孩子们对伦理道德及其作用的理解。总之，应该尽快在小学阶段引入正规的伦理课程。

日本应发挥的作用

新实在论与禅的共同点

　　一位日本编辑曾告诉过我，"以佛教（禅宗）为代表的日本价值观教导人们要尽量抑制欲望，不追求变化，而且要珍视当下"。这是一种现实主义思想，我对此深感共鸣，也再三叹服其优秀杰出。

　　这种价值观在哲学上被称为现在主义（presentism），实际存在的唯一时间被称为"现在"。其实从严格意义上讲，所谓"现在"也不存在，所以佛教的尽头也埋伏着虚无主义。无论怎么说，最初的训练就是把意念集中在"现在"，尽量压低欲望水平。

　　有见识的人（开悟者）深知"现在"不存在，因此会完全排除时间概念，这就是"无之境界"（self-annihilation）。大家熟知的"冥思"也是要达到或接近这种境界。将意念集中在"现在"，尽量排除欲念，这也是新实在论要达到的状态。在这一点上，我与佛教可称殊途同归。

同时，日本乃是一个拥有巨大能量的主体，我们切忌对其评价过低。在世界的东方，日本是第一个在短时间内达到了欧洲现代化水平的国家，也是唯一未被殖民便实现现代化的国家。更值得注意的是，日本拥抱现代化的方式也是纯日式的。日本从国外引入了各种手法，如德国的大学体制等，这不算稀奇，但日本人有能力将这些"舶来品"改得适合本国国情。因为这些原因，列强始终未能将日本变成殖民地，也正是同样的原因，日本的资本主义也取得了巨大成功。

日本人很容易理解"世界不存在"

在物理学等多种领域，日本至今仍稳坐头号宝座。所以日本应该加大宣传力度，将传统思想等日本文化的精华向全世界传播。

我指为形而上学的东西，在日本也一直饱受批判。

因此我认为我的思想和日本思想颇有相似之处，日本人似乎生来就有理解"世界不存在"的整套方法，真让人啧啧称奇。在日本人看来，"世界不存在"完全是不言自明的常识，而在其他国家我尚未听到这类见解。因此我认为，我的"新实在论"和日本人总结出的经验能产生深刻的共鸣。

无论是发展经济还是书写世界史，日本都游刃有余，有的是可供使用的法宝。我曾给欧盟和战略智库提过建议，如今也把这一建议送给日本，那就是"开创符合数字时代需求的思想新潮流"。

硅谷并非单纯的产品集散地，而是一种思维方式。它是一种强大到让人难以置信的思维法，但它的数字体系结构存在致命的逻辑缺陷，所以必须通过不断升级来修补。欧盟正致力于架构缺陷更少的数字体系，如果用汽车产业来举例说明，那就是要做出像德系车一样优秀的产品。只要能开发出缺陷少的优秀产品，用户自然会蜂拥而至。更安全、更优质的商品是人们永恒的需求。

日本也可以做同样的事。在20世纪90年代，不单任天堂和索尼横扫天下，日本还有众多的优秀大企业。如果在街头随意采访行人，问他们"现在能影响你生活的是哪国企业"，可能回答美国企业的比较多，数数得有20家。但如果在20世纪90年代问同样的问题，答案中至少有一半会是日本企业。请相信，日本完全有可能重现当日辉煌。为达到这一目标，要打造众多有着优秀思想，也有着比美国同行更优秀的经营哲学的企业。

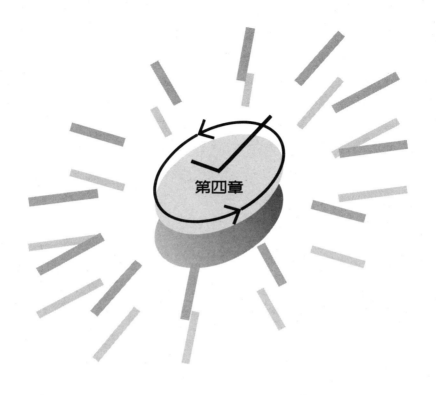

民主主义的危机

常识、文化多元性、多样性

肯定民主主义的"迟钝"
从文化的相对性到多元性
从哲学角度思考民主与多样性

攻击
一个人的
尊严，就是在
攻击这个人
的精神。

肯定民主主义的"迟钝"

基于明确事实的政治

民主主义最大危机是什么呢？简言之，就是人们对民主主义的误解。很多人认为"民主主义就是人人都有自由表达的权利"，这是把民主主义与表达的自由混同起来了。其实想说什么就毫无顾忌地说只能归于表达自由，与民主主义不能划等号。

民主主义的实体是法院、各种基础设施、税制、官僚和行政部门等机关组合而成的复杂系统。它的运作通常缓慢而繁杂，然而正因为有这样的系统，普通民众才能享受各种基本人权。原因是这个系统的成员难以通过收买或其他手段将整个系统据为己有，之后集中炮火对普通民众进行攻击。

在德国的大学里，无论我多渴望把某位竞争对手挤垮或挤走，也只能止步于想象，在现实中绝难实现。哪怕我拼命向上爬，成功掌握了更多权力，哪怕我向系主任投诉该人十恶不赦，由于是在民主制度下，我的竞争对手仍会安然无恙。因为系主任会或早或晚地召集我和"仇人"见个面，本着兼听则明的原则弄清误会产生的原因，最后解决问题。谁挤垮谁对系主任都没有任何好处，如果真弄得沸反盈天，上级反而会认为他没有领导能力。

民主思考与非民主思考的差异

我们再来界定一下何为民主制度。民主制度的功能是在不同意见相互对立时减少暴力冲突的几率。当两人持有不同意见时，民主机关的作用就是在双方主张利益的中间地带找出妥协点。

有过诉讼经验的人应该会了解，在民主制度下，打官司不可能是一方大胜，一方全输，法官总要找出妥协点，这是他/她的功能所在。真实当然重要，但民主制度下的法官不会只追求真实，也要照顾双方的利益。民主主义以这种方式发挥机能。

因此，在民主制度下，想用一周时间彻底击败对手几乎不可能，就算能做到，难度系数也高得惊人。在民主环境中，我们想和对手放手一搏十分不易，因为会经历非常复杂与缓慢的流程。怒气冲冲的我们早晚会领悟，"斗争不太划算，最好抛开一切向前看"。斗争劳民伤财，不如早点结束，把时间花在更具建设性的事上。这就是民主制度的作用。

民主主义的危机也在于民主社会的民众们连上述基本道理都没弄明白。在他们看来，民主主义就是言论自由，想说什么就能说什么，尽情瞎扯都行。那说的不是民主主义而是脸书，是对影响遍及全球的美国宪法修正案（表现的自由）的曲解。我们应当理解民主主义的本质和价值，必须认清民主主义社会中那些缓慢的、甚至颇具官僚色彩的流程非但不是缺陷，反而是"善"。

拿我自己的例子来说，这本书想从薄薄的出版合同变成实体书，需要经过日本国税厅复杂缓慢的审查手续。因为有相关法律规定，我们得依照规定程序去做，如此才能得到想要的结果，也就是正式出版。出结果之前的过程似乎很长，因为民主制度在审查合同中是否存在可能导致纠纷或违法的疏漏或瑕疵，因此才会费时缓慢，对此我们应予以理解。活在世上不可能事事随心所欲，这种程度的延迟我们也该满足，这才是民主思维。

什么是非民主思维呢？最典型的就是"希望这些麻烦消失"这类想法。非民主思维的人希望万事万物都要百分百发挥功效，而且发挥出的功效要对自己有利。这与民主主义大相径庭，是彻头彻尾的独裁主义。在独裁国家想消灭自己的敌人非常简单，直接把对方杀掉都行，但在民主国家这是不可能的。

独裁主义与"明确的事实"

在我看来，民主主义应当以"明确事实的政治"为基础，这才是需要细心守护的价值。民主主义应该是真实的民主，因此事实至关重要。比如人权就是明确的事实，谁也不想受到严刑拷打，谁也不想和70个陌生人一起挤在肮脏狭窄的牢房里。民主主义得认可以上都是事实。再比如谁也不想被杀，所以民主主义要想方设法把杀人变成难办到的事。

在民主主义社会，通过杀人来获利很困难。而在非民主国家，靠杀人获利就简单多了，有时做杀手还能轻松攒下万贯家财。但是当杀手毕竟是危险的勾当，以剑杀人者必死于剑下，今天收钱杀人，明天也许被同行杀。不过话说回来，像美国这样的民主主义国家，靠当杀手赚钱实在难于登天。

因此民主主义的功能之一就是认可并认真对待明确的事实，绝不能视而不见，甚至有意否定事实。独裁主义总是否定明确的事实。在斯大林时代的苏联，大肃反中多如牛毛的审判其实都是走过场，根本没有实际意义上的审判。徒具形式的审判是在否定明确的事实，所以我们说斯大林时代的苏联是非民主的。谁都知道不是事实，但都一本正经地假装是事实。其实活在独裁体制内的民众从未被蒙蔽，他们知道什么是独裁。

民主国家不会那样做。民选政府有时也想掩盖事实，但一般不会全部否认。我们来举一个奥地利的例子，奥地利是大家公认的民主主义国家，当然右派势力也很强大。

2019年，奥地利发生了一个被称为"伊维萨岛丑闻"的政治事件。一段偷拍视频被公开，视频中的人物是时任奥地利副总理、极右翼自由党党魁施特拉赫与俄罗斯女富商，拍摄地点是西班牙的度假胜地伊维萨岛。视频中，施特拉赫向女富商许诺，若她同意提供竞选资助，一旦竞选获胜，他会投桃报李，献上政府合同。施特拉赫在视频曝光后24小时内宣布引咎辞职。这段视频不知道是谁录制的，但就是因为这段视频，奥地利政府被彻底颠覆。这一事件也表明奥地利的确是一个强有力的民主主义国家，包括当事人施特拉赫在内，没人想去掩盖或否认"政商交易""暗箱操作"这个明确的事实。

如今，美国的民主主义已开始出现裂痕，因为前总统特朗普的政府显现出否认明确事实的倾向。这可以说是隐于特朗普政府内部的非民主要素。

从文化的相对性到多元性

文化有时会否定明确性

　　民主主义需要类似于"我们都能理解这个事实"的共识，因此民主主义的基本价值观是"常识"。常识就是民主主义社会的所有公民对哪些为"应做之事"所抱有的共通感觉。尽管大家的想法千差万别，但仍能大致达成一个"哪些为应做之事"的共识。比如德国的社会福利制度可称坚如磐石，任何政党的党员都不会提议要废除该制度。对德国人来说，德国的社会福利制度就是常识，也就是明确的事实。

　　让人人有饭吃是税收最理所应当的用途，这就是德国人的常识。虽说德国也有穷人，也难以保证没人会被饿死，但在德国饿死的可能性毕竟非常低。在德国任何人都有生存的权利，也有从社会获得帮助，让自己活下去的权利。也就是说，再穷的人也有一个最低限度的社会保障，即"安全网"始终会发生作用。

另一个明确的事实就是社会性保障机制应该不断改善，安全网应该编得更好。社会保障不但不能消减，相反要进一步加强和改善，这一点也是非常明确的事实。以上两点同等重要。谁都不能保证自己不会陷入贫困，也许因为判断失误，也许因为飞来横祸，一个原本过着寻常生活的人也许会很快陷入困境。伴侣罹患癌症或遭遇车祸而死，自己一蹶不振沦为穷人的例子也不少见。即使变成流浪汉，也不该成为被洛杉矶的黑手党杀害，或被强奸之类恶性案件的受害人。这是很明确的。

真正的民主主义社会尊重这些事实，直面这些事实时不会否认或掩盖。但是，以上列举的悲剧压根不该发生。作为人类，我们身负责任。这就是我所说的"明确的事实"。

多元性与相对性的差异

我们再来思考一下文化的问题。所谓"明确的事实"是否以文化为基础？一般来说，人们马上就能想到的"明确的事实"（obvious fact）往往是基于文化的。但再明确的事实有时也会被文化完全遮蔽，或被遮蔽了一部分。不同地域有不同的文化制约，文化有时会发挥正负两种功能。

让我们再以日本为例。站在民主主义的角度审视，日本的地域文化和惯习既有优点也有缺点。我到访日本后得知，在与他人交往时，日本人会非常在意并顾及对方的感受，并不遗余力地让对方满意。这是日本文化的一个特点，也是日本的社会习俗和待客文化的一部分。

在日本的社会环境中，人人都想让他人舒适满意，人人都不愿给他人添麻烦，每个日本人都是这种"人际交往游戏"的高超玩家。而且这种游戏有着极其复杂的体系，存在着繁多的层次，作为外国人的我有时能明白，有时会一头雾水。毕竟我既不讲日语，也没在日本长期生活过。对于日本的民主主义而言，这种"游戏"所体现出的文化既是优点，也有可能是缺点。

日本人认为"顾及他人感受"是明确的事实，但外国人并不这么看，这可以说是民主主义意义上的优点。至于有什么缺点，日本人通过对相互的观察和认知紧密联系在一起，这往往会导致个体精神层面的隐私难以得到保障。也就是说，日本人的精神状态是完全暴露的，没有隐私可言。

为了超越地域视点

综上所述，如果用一句话形容日本的这种文化特性，那就是"精神的可视性"。日本文化包含着一种非常明显的可视化精神，和法国哲学家罗兰·巴特（Roland Barthes）提出的观点恰恰相反。日本人讲究"以心传心"，也就是无须解释说明，双方仍能对对方的情绪了如指掌。这是一种极度重视精神层面的文化，无论在何处精神都能够可视化，对哲学家来说再好不过。从这个意义来说，日本也是一个极有灵性的地方。但"可视性"也可能成为缺点。既有优点又有缺点，这就是文化的多元性。

在全球已联为一体的当下，各国间需要互相学习，来弄清自己的文化盲点在哪里。比如德国人应该向日本人虚心求教，学会如何在交往中读懂并预测对方的精神状态。德国人在这方面异常拙劣，水平与日本人天悬地隔。德国人认为擅自揣摩对方的情绪是不友好的、不该做出的行为。因为不喜欢外露情绪，不喜欢让别人过度担忧，所以德国人习惯把很多事憋在心里。

在待客方面，德国人也可以从日本人那里学到很多。

日本的待客文化内涵深奥，水平高超，对经商来说是不可多得的优势。日本的待客文化是一种非常睿智的文化。

一言以蔽之，文化有多元性，在一种文化中一目了然的"明确"，在另一种文化中也许模模糊糊、不明显。但也有可以超越地域视点的明确的事实。虽说有时文化也会否定某些明确的事实，但那只是因为该文化对"明确性"的认知有误。

世界上必然存在着"人皆可见的明确事实"，我们要齐心协力，将它们找出来。迄今为止，我们还未能完全把握何为明确的事实，所以民主主义尚未发展到最终阶段。在民主主义的最终阶段，人类会针对必做不可的明确事实互相讨论，并达成共识。想到达这个阶段，我们人类还有很长的路要走。

从哲学角度思考民主与多样性

"罗素悖论的解法"所揭示的

近年来我们经常听到"多样性"这个词。在热议多样性的时候，该如何对待反对多样性的派别呢？是否该将不承认多样性的群体也当成多样性的一部分，并予以包容呢？

实际上，民主主义存在着很多类似的矛盾。比如是否允许在欧盟内部建立推动英国脱欧的政党？回答当然是否定的。这样便生成了悖论，好在我们可以从逻辑角度解决它。我认为，多样性并不意味着"不能排斥想排斥他人的人们，而应予以包容"。

著名的"谎言者悖论"就与前文的例子几乎同构。假如一名男人说"我说的一切都是谎话"，那他究竟算不算说谎者？如果他说的是真话，那他就是一个说谎者；如果他说的是谎话，那他就不是说谎者。这个故事之所以被称为"谎言者悖论"，就在于它没有答案。无论这名男子的话是真是假，假定和结论都是矛盾的。同理，"不能排斥任何人"这一主张也会带来"是否可以排斥主张排斥他人的人"的矛盾。

"谎言者悖论"是一个经典哲学悖论，各派哲学家都想出了不同的解决方案。其中最简单的是英国哲学家伯特兰·罗素（Bertrand Russell）的解法[1]，它是现代首个简洁又有效的解悖方案。简单地说就是分成两个阶段，也就是用命题分层的方法来解决。那名男子说"我说的一切都是谎话"。事实上这句话是指他所说的话的总体，只有把这句话包括在总体之中才会产生一个悖论。罗素的解法是：第一阶段是把第一级命题看作是不涉及命题总体的那些命题；第二阶段是把第二级命题看作是涉及第一级命题的总体的那些命题。

---

[1]　即著名的罗素悖论。罗素用其发明的类型理论解决了这一矛盾，类型理论的内容就是"不能以自身元素的概念来定义集合"，即集合中不应包含自己，而所有集合要采用命题分层的办法来解决。

就多样性而言，第一阶段的排斥对象是女性或黑人等少数群体，第二阶段的排斥对象是想排斥女性或黑人的人。第一阶段的排斥对象中不包括排斥者，第二阶段的排斥对象中包括排斥者。只要分成两个阶段，两个阶段的集合体就会产生差异。

民主主义也是同样道理。允许不允许建立主张消灭民主的政党？回答自然是否定的。是否要宽容对待不宽容的人？答案也是否定的。分成两个阶段思考是这类悖论最好的解法。因此就民主主义来说，虽然也存在矛盾，但也需要经常排斥一些主张排斥的人。

总会有人被排斥，关于排斥有两种可能。在第一阶段，有人（少数群体）因受到排斥而痛苦，这种状况不应出现，所以我们要大声疾呼，反复重申维护多样性的重要性。多样性持续推进，那些想在第一阶段制造受害者的加害者们可能会收手，停止他们的排斥行为。这有什么问题吗？像这样分成两个阶段去思考，一切问题就迎刃而解。反对多样性的人绝不属于少数群体，即使属于多数群体，他们的诉求也应当被立刻压制。

他们的呼声不配被尊重，就是这么简单。如果你的职场中有人主张"必须减少女性员工的人数"，应该立刻抵制，因为那是不应被尊重的错误言论。

判断对错的思考实验

如前文所述，所有现实都是实际存在的（real），但现实也分对与错。上述例子中种族主义者的意见显然是现实存在，但它是错的。那么判断对错的权力掌握在谁手里？这是至关重要的问题，谁对谁错并不能由一言堂得出，只能通过合理分析和公开讨论来决定。

我们来举一个非常贴近现实的例子。主角是一个美国中西部出身的年轻人，他既是种族主义者，又是工作狂。我们以他为例，简单模拟一下决策的生成过程。他是一个叫马克的白人男性，生于殷实家庭，毕业于哈佛之类的名校。毕业后事业有成，是典型的人生赢家。他对娶妻生子毫无兴趣，每周工作90个小时，在华尔街呼风唤雨。他也去健身房练肌肉，堪称美国梦的实体化。

马克强烈反对让女性进入职场。在他看来，女员工每周只工作30个小时，怀了孕又要休产假，就算产假后回归职场，也时不时要去托儿所，工作效率很低。女员工这样的工作方式一定会让公司破产。女员工在工作中确实存在类似的情况，马克的这种想法也非常普遍。

下面我们想象一下，如果大家就是否该雇佣女员工公开讨论，会是什么场景呢？马克会如何发言？他十有八九会斩钉截铁地表示，必须把女员工从公司清除出去，这样公司效率只会更好。我们就顺水推舟，请他将想法付诸现实，也就是当真把公司的所有女性全部解雇，一个不留。

于是马克的公司只剩下男性，而且人人都是哈佛等名牌高校出身的金发优质男。我们给马克提出下一个问题："女性该不该有投票权？"马克顺着自己的思路仔细思考一番，一定会说不。毕竟马克自诩为社会的中坚力量，一向认为应该由自己这类人决定社会发展的方向。女性会把票投给与自己思想相左的反对派，那样全社会的效率都被拉低了。因此不能给女性投票权。

此时我们再接着问马克，请他仔细想想自己头脑中的社会是何种形态。此时马克才如梦初醒，意识到自己脑中的理想社会和纳粹、法西斯的社会一模一样。最初只是"该把女性从公司中清除出去"的决定，经过一环接一环的逻辑推演，竟然得出了不给女性投票权的决策，而且看上去顺理成章，毫无逻辑破绽。既然说了不让女性入职场，为了不让自己的主张失去逻辑性，就必然要得出不给女性投票权的结论。既然女员工的存在会让公司破产，那女性也不会给民主主义带来积极影响。

在漫长的人类历史中，大多数时间女性都没有参政权，原因就在于此。与马克有相似想法的人实在太多。其实这种想法才会真正地削弱民主主义。马克的例子只是我们将反民主主义的论说极端简化后的呈现，在社会环境中，相关的讨论会更复杂，我们的例子难免有些理想化与单纯化。不过从上述例子我们起码可以明白，做决策是怎样的一个流程。

人皆不同是一个事实

我们再举一个相反的例子进一步探讨。假设有一位热心社会公益的女性，一心想为社会做贡献。她是几个孩子的母亲，她自认拥有一些旁人没有的创意想法。在她看来，自己作为女性的经验，以及作为母亲的经验和想法，多少对以女性为目标消费者的企业有些价值。

她发起了一系列关于多样性的讨论，讨论话题不断扩张，最终延伸到经济相关话题。比如不积极雇佣女性的企业将会失去更多的女性顾客；又比如有性别偏向的企业不能算是优秀企业。这个例子和马克的例子正相反。

　　女性当了母亲，难免要暂时告别职场，我妻子也是一样。所以我们要调整对女性参加工作的看法，当然后续也要对父亲进行探讨。我们要认可"人皆不同"这一事实，不能把"人该如此"这种固定模式强加给社会系统中的每一个人，因为一刀切的模式不符合人类社会现实。"人皆不同"是不可否认的事实（fact），这是支持多样性的有力论据。下面我们将潜入社会环境中，通过正反两方的例子来观察这一事实如何体现。

　　先举一个反面的例子。比如有人认为女性的工作时间确实比男性短，从统计的角度来说这也许是事实。有孩子的女性一生的工作时间比孩子父亲少一些，而且从统计数字来看差距颇为明显。如何解释这一差距，我们要回到"人皆不同"这个事实。

　　其实我们完全可以承认现实，并顺势探讨如何为女性提供更多的工作选项。需要说明的是，此处并不是说女性必须要当母亲，而是说可以成为母亲。我们不会强制任何女性做母亲，而且母亲也有很多当法，母亲与子女间的关系多种多样。不过，借助统计手段，我们能分辨何种母亲属于主流，我们完全可以针对她们设计更多的工作岗位，为她们提供帮助。对于现实中的公司来说，按照这一思路制定战略并实施并不困难。这就是经营上的"新实在论"。不回避公司结构上的问题，认真考虑对策的话，也许可以先在公司里设立托儿所，这样母亲们能节省很多时间。

在现实生活中，父母所在的公司和托儿所一般离得很远。如果孩子在托儿所出了点问题，妈妈就不得不赶去接。从公司到托儿所，再回公司，路上会浪费许多时间。不只是托儿所，公司里还应该设立医院。我有时就不想参加会议，一心想着去医院。谁都有这种时候，因为我们都是人。

何谓尊严

我们来讨论一下什么是尊严。所谓尊严，就是"人类是一种基于人类存在的概念而生活着的动物"这样一种事实。人人都抱有对人的形象和自己为何物的概念，人的一切行为都遵循着这一概念。已知的地球生物成千上万，只有人类是这样的。狮子不会为搞明白狮子到底为何物而烦恼。狮子当然很聪明，也有许多技能，但狮子不会设立旨在研究狮子为何物的研究部门。

人类则会进行这类研究，所以是智人（sapiens）。我们还未完全确定自己为何物，所以要持续研究。研究的对象也包括人的尊严，就是"人这种动物被置于能够思考自己为何物的状态"。奥斯维辛集中营里的受害者们无法思考人类的本质，也无法想象和憧憬未来。他们实际上被剥夺了做人的尊严，直到悲惨地死去。所以说，当人的尊严受到损害，他/她的精神状态也受损。攻击一个人的尊严，就是在攻击这个人的精神。

让我们举个例子。若在职场与人发生冲突，就很难把心思放在丰富人生的闲暇活动上了。如果有个人狂热喜爱歌剧，甚至愿意为看歌剧废寝忘食，但他/她和同事吵了一架，可能也没了欣赏歌剧的心情，因为满脑子都是吵架的事。

也就是说，同事损害了他/她的尊严。人在精神状态自由时，才能感受到自己的尊严。人的尊严、人的权利等概念也包含着如下含义，"提高民众的精神自由是政府的功能之一"。

如果歧视主义者为自己辩解说："我是歧视女性，但歧视女性是我的权利。侵犯我的权利就是侵犯我的尊严。"我们该如何驳斥这种谬论呢？其实很简单。歧视女性的人是在侵犯女性的尊严；侵犯他人的尊严，必然会让自己的尊严受损。尊严是有层级的，但尊严不会缩减为零。如果尊严为零，人就不再为人。尊严的最高层级是圣人。圣人就是完美无缺的人，虽然可能只是理念上的，现实生活中也许并不存在。每种传统文化都存在着各自的圣贤传说，那是最高层级的尊严。

希特勒之流的人有着最低层级的尊严。即便是希特勒也有尊严，不能任意杀掉他。假如我们活捉了他，就只能把他关进监狱，当然得判无期徒刑，因为不能让他那种魔鬼逃出生天。但是不应该杀掉，杀他是不尊重他的尊严，这也是德国反死刑主张的理路。德国没有死刑，因为在德国人看来，杀掉一个人就等于视其尊严为零。

把一个人的尊严看成零，等于把自己的尊严也可看作零，就是把自己等同于杀人犯。死刑就是把某人杀掉，这是对伦理的明确侵害。任何制度下都不应该依据刑法去剥夺人的生命，这也是"明确的事实"。

资本主义的危机
共同免责主义、自我全球化、道德企业

全球化资本主义回归国家
"道德企业"将决定 22 世纪的政治结构
如何摆脱统计型世界观

资本主义
发展至今,
已显现出
将引导人类
走向毁灭
的趋势。

全球化资本主义回归国家

资本主义固有的"恶"的要素

对当代资本主义来说，最根本的危机是人们称为"全球化"的东西。资本主义原指工业产品的生产模式。资本主义的危机与民族国家的诞生有着直接关系。现代民族国家的形成过程与工业化的过程很相似。所谓全球化实际只是跨国性产品的交易流通，并未被完全纳入任何一个民族国家的法律框架中。

自19世纪30年代到第二次世界大战结束的大约一个世纪里，美国向进口的工业产品征收世界罕见的高关税。无独有偶，在19世纪末，"铁血宰相"奥托·冯·俾斯麦断行保护主义政策，带领德国顺利熬过了经济萧条期。到了今天，只需看看特朗普高唱的贸易保护主义和欧盟的瓦解趋势，我们能深深感到世界史的指针正在回转。纵观人类历史，保护主义其实从未停止过脚步，真正意义上的全球自由贸易也从未有过。某些产品可能确实借着全球化的浪潮走向世界，但严格地说，经济的全球化从未实现过。放眼世界，各国都在不同程度地保护着本国产品。

也正因此，近五年来经济全球化正在演变成一场硝烟四起的经济战争，最惹眼的例子就是特朗普政府挑起的贸易战。但他仅仅是把大家都心知肚明的真相说出来而已，全球规模的经济战争并不是特朗普的个人发明。

这其实有点类似于互联网的危机。不受法律限制的全球化经济明显有问题，这是资本主义的最大危机。任何全球性国家也无法控制工业化，全球化资本主义需要世界国家参与，否则就会崩溃。若民族国家缺席，全球化经济也不可持续，特朗普深刻理解这一点。登上权力宝座的他刚参与经济战争，就发现民族国家缺席这一事实。

这里也存在一个悖论。唐纳德·特朗普在用自己的方式维护着他认为的民主主义。他是在维护工业化赖以生存的制度，那是他所信奉的意识形态的一部分。

其实我觉得理论家在解读特朗普的行动时，应该保持中立的立场，即使他很难得到思想界的赞同。但似乎所

有的学者或说所有哲学家都本能地对特朗普大加鞭挞。当
然，一来因为批判当权者是哲学家的使命，二来因为特朗
普看上去特别像个坏心眼的人。不过他看上去和蔼可亲
还是面目可憎并不重要，重要的是要弄清现在正在发生什
么。很遗憾，直到今天理论界仍未能对特朗普现象给出贴
切的理论化解释。

资本主义具有"恶"的潜在性

　　我们有一个共通的问题，那就是包括新自由主义理论
家在内，学者们提出的所有资本主义相关理论都以马克思
的《资本论》为依据。马克思的《资本论》确实给人们提
供了思考资本主义的工具。

　　资本主义是为了应对劳动分工而出现的制度。资本
主义利用劳动分工，将"一个人是不知道另一个人正在做
什么的"这一事实转换为价值，这就是资本主义的运作
模式。

　　客户不知道生产商在做什么，这可能成为生产商的优
势。正因客户不知道，生产商才能安心地反复盘算开价多
少，有没有狮子大开口的可能。如果生产过程客户都了如指

掌，生产商在定价时就得反复掂量。在第一种情况下，生产商大可吹嘘自家产品性能优良、天下第一。而别人不管信不信，一般也会做出相信的样子，因为买卖总要做下去。

这就是资本主义的"谎言"。资本主义是一个不透明的系统，资本主义不可能有透明性，否则就不可能成立。因此资本主义制度本身未必是恶，但它的确存在着恶的潜在性。

针对这一点，很多民主派理论家都批判资本主义是"将人向反方向拉的邪恶制度"，因为民主主义推崇公开透明。但一拥而上去批判大可不必，只要让有权左右生产过程的资本家接受民主思维训练就行。而且用不着兴师动众去联系比尔·盖茨或乔治·索罗斯那个级别的大佬，给中等资本家做做培训即可。

"道德企业"将决定 22 世纪的政治结构

解决资本主义矛盾的"共同免责主义"

让我们来想象一下，如果大型国有企业雇用几个伦理学者，并为他们专门设立一个部门，会出现什么情况？肯定会生出一个与现状完全不同的模式。但需要注意的是，不能雇佣专用博弈论利用消费者和生产者信息差的经济学者，必须雇佣伦理学者。

我们再想象一下，如果丰田公司雇用30名伦理学专家会是怎样一种情形。环保车的生产台数、款式设计以及收购哪个行业的股票等问题都由伦理学家们做出判断，然后向CEO提交报告书。那样资本主义肯定会发生巨大变化——"啊，上帝！实施这个计划就要杀掉200个人啊！""实施这个计划车的品质确实能得到提升，但供应链的终端会死人！"伦理学家们发出的声声哀号似乎在我们耳边回响。公司倾向于掩盖工业生产带来负面影响的可能性，因为丰田公司没有伦理学专家团队，前文例子中的意见可能根本无人提出。丰田公司里有经济学家，但经济学家不太会考虑工业生产的负面影响，会不会死人他们并不关心。我认为应该构建有伦理学家参与的公司组织结构，将资本主义与伦理道德结合起来，打造出道德资本主义。之所以没人提出这样的建议，原因很简单，因为伦理学家们都在一股脑地批判资本主义。

从某种意义上说，资本主义是人类社会回避不了的制度，因为我们必须对劳动定价。如果遇见一个坚定的共产主义者，我就会问："你想完全废除劳动分工吗？"他会说："是的，必须废除。劳动分工大错特错。"那我只能说："加油吧，祝你们成功。"否定劳动分工，就意味着所有事都要亲力亲为。想吃金枪鱼就要自己到海里捞，而且切金枪鱼的刀从哪儿找呢？也得亲自打一把出来。如此这般，晚饭估计难有着落。所以说，若没有劳动分工，人就得饿死，分工是不可避免的。

分工不可避免，但实际情况是没有正确地进行分工。包括资本家在内，几乎所有人都认定资本主义是天生恶，

对它的思考常常以恶为前提。实际上资本主义并不一定
恶，它的"恶"只是现代化进程中一个偶发的副产物。

什么是"共同免责主义"

　　除了道德资本主义，我们也需要思考其他可能的
模式来替代现行资本主义。我提议的模式叫作"co-
immunism"（共同免责主义）。比起"communism"（共
产主义），我们更需要"co-immunism"。这个词是我
从哲学家彼得·斯洛特戴克[1]（Peter Sloterdijk）那里
借用的，当然在他那里是完全不同的意义。我对该词的
定义是"所有人、社会系统、国际社会成员（当然包括
民族国家）都要在相互协作的基础上展开行动"。京都
学派的某位学者也持类似的思想，被称为"合作主义"
（cooperationism），我觉得也不错。

　　社会各阶层的人都需要共同协作。大到整个人类社
会，小到企业个体，都应把"提升人性"作为发展目标。
不能只着眼于收入的增加，还要提高道德水准，而且这并

----

　　[1]　德国哲学家、社会学家、随笔作家。著有《犬儒理性批判》等著作。

非空想，是完全可以实现的。

脸书曾表示要制定道德规范，但他们没有信守承诺，反而给用户彻底"解放"的权利。在脸书上谁都能肆无忌惮，通过给予"解放"，脸书赚得盆满钵满。其实企业若不是假装重视，而是真正推行道德规范，那么它不单会赚钱，还会成长为有可持续性的超级企业。

不管怎么说，为了有效修正现行的资本主义，所有企业都应雇用伦理学专家。当今各行业的企业都不缺精通数学的专业人士，因此都具备数学思考和统计思考的能力。但绝大部分企业里都看不到承担专门职责的伦理学专家。不过美国加利福尼亚州的一些企业配有伦理学专家团队。我现在和Salesforce、谷歌等企业合作，那里也有伦理学专家的团队，虽然团队很小，但总算是有。这种做法应该成为全世界企业的样板。与其牢骚满腹，CEO们不如虚心听取伦理学家的建议，那样能解决很多问题。

如今我也在与德国企业合作，目标就是建立这样的样板模式，因为这是解决资本主义危机的方法。前文我们谈到过普遍道德价值观，任何精神状态正常的人都不会把30个婴儿从窗口扔出去。现在许多大企业的所作所为与把几千个婴儿扔到窗外十分类似，只是它们尚未察觉。对它们来说，这种类比过于抽象，因为在这里，被扔出窗外的婴儿是看不到的。

无独有偶，在纳粹时代的德国，普通民众也知道犹太人被屠杀，只是他们并未亲眼目睹，所以不会反对先拷问虐待再最终处死犹太人的制度。所谓"眼不见，心不烦"，只要没看在眼里、只要没发生在自己身上，再骇人的惨剧也可以权当没发生。

应该在公司里设立伦理委员会，明确委员会的功能，并保证委员会成员能获得应有的报酬。让伦理学家能得到类似于大学终身教职的雇佣保障和职务保障，保证他们可以畅所欲言，不用担心被解聘。我们需要在企业里设置这样的模式。

如何避免偏向短期思维

伦理学专家的意见和建议理应对公司CEO们的决策产生影响。我们来举例说明。阿根廷向美国大量出口柠檬，假设阿根廷某种植公司设立了伦理委员会，委员会就柠檬种植活动中二氧化碳的排放量和除草剂的使用量进行调查，并在数学家和科学家的协助下撰写报告。报告分析了柠檬交易会造成多少动物和人死亡，以及给多少人类或动物带来何种程度的痛苦。这份报告会提交给该公司的CEO做参考，而且CEO在销售合同上签字前必须听取伦理学专家团队的意见和提案。

假如你是该公司的CEO，作为伦理委员会成员的我严肃地告诉你"这笔生意会让大约5000人患癌而死，还会让很多人陷入贫困"，我还会附上一些看上去触目惊心的照片作为佐证。请问你还会在合同上签字吗？一般人很难做到。你一定会说："我们再想想有没有更好的办法。"相信大多数的CEO都会这样。若碰巧遇见一位铁石心肠的CEO，他一定会被曝光——因为伦理委员会成员不能被任意解聘，他们会举报该名CEO，一旦被公开，该CEO辞去职务只是时间问题。这就是解决方案。

"办法看着不错，但实行起来估计不大容易。"这是很多人的口头禅。但我们必须让世人知道，如果CEO们不听伦理委员会的忠告，你我都可能成为牺牲品。前文所述的柠檬交易只是一个例子，肯定还有很多解决资本主义危机的好办法。在我看来，如果我们没能竭尽全力解决这一危机，哪怕人类逃过全部灰飞烟灭的命运，也会有数亿人在100年内死于巨大灾害，因为人口过剩、粮食不足等新问题层出不穷，我们难以全部应对。

要种出能养活80亿人口的粮食，必须推进农业改革，我们需要大量的无人机和机器人。日本在这一领域走在世界前列，一直不断摸索可持续发展的模式。如果人类现在不着手寻找从根本上解决农业问题的办法，最后只有死路一条。

没有哪个经营者会希望自己的子孙受罪遭难，所以我们必须说服企业的CEO们，让他们明白重视伦理的紧迫性，并配合他们的观念提出商务模式。重视伦理并非夸夸其谈的亏本买卖，它会提高企业的效率，利润自然也会增加。让更多的超级企业尽早明白这个道理就是我的目标。

创建和普及共同免责主义是我给全世界企业的提案。没有共同免责主义，许多人类必须解决的问题将始终无解。

全球化与民族国家辩证而生的"自我全球化"

如前文所述，资本主义与民族国家紧密相关。但全球化经济实际在某种程度上破坏着民族国家的基础，这是另一个问题。与此同时，第三个问题也浮出水面。也就是民族国家与全球化经济或说是走向"自我全球化"的经济之间产生的、可称为辩证法的现象。这一现象正在没能加入保护主义经济，也无法加入全球化经济体系的国家中催生出新的破坏浪潮。以上提及的"没能加入"的国家，具体来说就是非洲等地区的国家。

大约1/3的人类连全球经济体系都没能加入。他们被遮蔽起来，以至于从外部看不到他们。他们被上述辩证法源源不断地生产出来。如果你不得不在贫民窟的街道生活一星期，而且要跟每天靠捡垃圾度日的孩子们待在一起，你就会明白我想表达的意思。我们所定性的悲惨，其实不过是穷人的日常。虽然我未能掌握最新的数据，但我仍能肯定地说当前世界上有成千上万的人正处于悲惨境地。对他们来说，当天捡到的垃圾能不能派上用场，决定了他们能不能活下来。

这是生死攸关的状况。我们不能继续"制造"出那样的人。如果我们重温一下前文提及的"道德普遍性"，再认真思考一下上述在悲惨境遇中挣扎的人们的惨状，可能再不会有人冷淡地表示他们和自己没什么关系。我们不妨稍作想象，一位顾客在餐厅里点了一份想吃的牛排，但该餐厅规定吃这种牛排时需要观看一个儿童因这份牛排而遭受痛苦的视频。如果服务员端来两份牛排，一份是不会让儿童受苦的"道德"牛排，另一份是会让儿童痛苦的"不道德"牛排，顾客会吃哪种？或早或晚，不道德牛排会变得无人问津，因为顾客在进食时很难感受到享受美食的愉悦。现在我们处在类似的状况下，但我们故意视而不见，假装他人并未处于痛苦之中。保护主义就是我们使用的策略之一，我们大声疾呼："一切都是为了国家的利益。你们想成为非洲人吗？谁都不想，是吧？所以要保护我们的国家。"通过这种叙事，我们忘了他人正在遭受的痛苦，成功地将自己的行为正当化。

资本主义产生的"内部他者"

资本主义不断生产出"内部他者"，这是资本主义的结构所决定的。现代资本主义必然制造出被剥削的群体，而且这些群体的成员数量异常庞大。

什么叫"内部他者"？就是生产自己渴望消费的东西的人。如果一个人所开的汽车是自己造出来的，他就是第一层次的"他者"。虽然不同国家的汽车生产线多

少有些区别，但总体而言汽车制造厂的员工算是有人权
的。我开的是德系车，但我不知道它是哪儿生产的，反
正不是在德国。德国和在地球某一处的生产线如此联系
在一起。

汽车轮胎的橡胶来自哪里？如果和在洁净舒适的技术
研究所里组装物件的工人相比，橡胶工人的劳动环境很可
能恶劣得多。他们就是"内部他者"。

我一般坐巴士去大学上班，但我从没想过要开巴士，
大巴自有司机来开。对司机来说，比起失了业忍饥挨饿，
有份开巴士的工作就挺好。挨饿的人、大巴司机、不需
要为生活发愁的亿万富翁都在同一个链条上互相联系。当
然，亿万富翁也有亿万富翁的烦恼，但如果把链条看成是
一个金字塔，他们位于最顶端。

问题在于人们从金字塔下跌的势头不减。如今处于金
字塔底层的人们的相对状况似乎有所改善；但也出现了底
层人数暴增的现象，该数字已突破人类历史的最高值。不
管相对状况有没有改善，底层人数不断增加是不可否认的
事实。

全球化资本主义制造出人类有史以来最大范围的贫
困。前文曾提及斯蒂芬·平克，他说"从世界范围看来，

贫困正在减少"，他看的是相对分布。相对分布虽然也是一种叙事视角，但我们真正该问的是企业的生产活动会导致多少人死于饥饿。在这一点上，没有什么时代比今天更糟糕。

什么是道德企业和道德资本主义

和中美两国形成鲜明对照，日本和德国的经济长期停滞不前。这是因为两国在很长时间都没能产生新的思想和理念。如今人类社会的变化速度太快，每隔10年就需要理念更新，而且要推出非常新奇的理念。第二次世界大战后，美国人每隔10年就实现一次技术革新，技术领域之外也是。我们要的就是那种全新理念。

在数字科技领域，日本曾贡献过很多具有划时代意义的理念，但近年来该国的创造力似乎枯竭了。日本和德国这样的国家绝不能满足于现状，必须做出些什么才行。日德两国的产业在很大程度上依赖汽车工业，如果两国能在汽车发动机电子控制单元（ECU）上完成实质性突破，下一个全新理念就会呼之欲出。

显而易见，今后人类社会急需的理念应该与环保有关，人们能用它来解决环境危机。我之所以提到"道德企业"，正是这个原因。能解决环境危机的企业将决定22世纪的政治结构。

因此我们在下一个阶段必须要创造出真正爱护环境的理念。如果科学家能开发出环保型的核能源，那就是巨大突破。德国近年来曾数次尝试，但都没能成功。不过，就算能替代核电的技术终于问世，不能发挥实效也没有用，我们要的不是天花乱坠的技术，而是真正实用的。如果能创造出新理念，该国不管位于何处，其所在地区一定会成为引领22世纪的核心地带。

在下一个阶段，资本主义需要通过行善来获取利润，也就是转型为"道德资本主义"。靠行善获利的方法听起来很简单，但有史以来，只有一个团体想到了用这种方式赚钱，它就是天主教会。天主教会是人类历史上最成功的"企业"。古埃及的神官们也有经营头脑，甚至差点走向巅峰，但近5000年来最成功、最长寿的"企业"非天主教会莫属。他们卖的是什么呢？其实什么也没卖。如果非要说他们销售的产品，那他们卖的是很难说能不能实现的承诺。

　　全球范围内的基督教徒和新教教徒共有25亿[1]，数字非常庞大，比脸书的用户还要多。但从天主教会那里，教徒能得到的只有道德。

　　德国的天主教徒和新教教徒都要纳宗教税。这笔税直接从工资扣除，大概占工资金额的6%，简单计算就知道总金额绝不算少。

　　不管怎么说，我们下一步的大动作是构建"道德资本主义"，这是毋庸置疑的。现今的发达国家国内商品泛滥成灾，民众的消费欲望却很低。如果有人鼓吹你的购物行为会导向"更善的生活"（better life），你会为之所动吗？对发达国家的多数民众而言，房子、车子都有，还想要一辆更豪华的汽车吗？反正我没什么兴趣。我知道开汽车破坏环境，现有的汽车就足够了。但如果有人来推销，说要提供每两年定期换新服务，新换的车会更高级、更具环保性，我会因为这种"更善"的服务而乐意签约。

　　手机也完全可以开发出这类服务。手机坏了我们一般都会买新的，而添置过多电子产品会破坏环境，所以需要开发一种既能换新又有益于环保的服务。比如顾客每买一

────────────

　　[1]　2016年的数字。基于东京基督教大学JMR调查报告。

部新手机，系统就会自动扣除部分货款，之后将这部分钱攒起来在非洲建学校。如果顾客签约购买10年固定服务，10年期满就免费带顾客去参观他们在非洲建的学校，并与当地孩子交流。这样的话，一定有很多人愿意购买这样的服务。

今后企业应该提供价格不菲但具环保价值的定期服务。高价并不会成为影响消费欲望的障碍，反而会给人带来满足感。为了购买高价的商品或服务，人们会拼命努力，但这种努力有助于提升人性。

如果由社会学者或企业对人的一生进行研究，再根据研究结果，针对人生的不同阶段提供不同的定期服务，效果会非常好。而且服务的提供方之间也会互相竞争，这是真的资本主义。只要这些服务当真具备环保性，它们不但可以实现，也会成为我们解决现存问题的根本方案。

如何摆脱统计型世界观

构建"大理论"的紧迫性

近些年始于撒切尔主义和里根经济学的新自由主义[1]势力空前强大，人们不得不向其低头。虽然并非本意，但后现代主义思想实际上为新自由主义的扩散立了大功。没有后现代主义思想，新自由主义难能成功渗透全世界。借助后现代主义将新自由主义正当化很容易，因为新自由主义者们不爱思考，对既存事物向来惰性认同。后现代主义思想缺乏批判的力量，它只能批评那些具有独善思想的或具有非常强大信念的人。后现代主义思想无法批判一方面盲信统计，一方面又灵活甚至狡猾的人。

---

[1] 重视市场原理主义，通过推进放松规制和行政民营化来促进经济发展的思想。

新自由主义和后现代主义明显存在着关联。众多新自由派理论家直接或间接地拥护后现代主义思想。盲从统计学的统计型世界观远比我们想象的更具后现代主义色彩。其实现代性以非统计的事实为基础，启蒙压根与统计型世界观毫无关系，概率运算在启蒙时代刚发明。也就是说统计型世界观诞生于19世纪，在20世纪才真正发展起来。

要从新自由主义的束缚中解脱，需要改变现存经营伦理，让经济重新具有正确伦理观。近年来英国为世界展现了一个新自由主义自我毁灭的绝佳例子，也就是有史以来最无能的政客鲍里斯·约翰逊竟然当选为英国首相。很多人认为他是唐纳德·特朗普的同类，实际上大错特错。不管讨厌特朗普的人怎样口出恶言，特朗普确实是个精明的生意人，他取得的成功有目共睹。和特朗普相比，约翰逊既没钱又缺乏才干，完全是一个小人物。

在英国脱欧以及围绕着脱欧问题的种种斗争中，英国已走上了自我灭亡之路，今后斗争双方仍会纠缠不休。世界上新自由主义最猖獗的国家非英国莫属，英国人深信如果让相反的势力互相斗争，再来算结果概率是件好事，这是纯粹的统计型世界观。对他们来说，用什么手段达成目标并不重要，重要的是要为利益而斗争。至于自由，早晚能有就行，无须太过重视。

　　这种观点也是哈耶克理论的基础。经济学家弗里德里希·哈耶克[1]认为，统计型世界观可以自动提高所有人的自由度，这也是他的意识形态的一部分。但英国的例子证明哈耶克是错的。如果有人认为可以把选票投给鲍里斯·约翰逊，也可以投给奈杰尔·法拉奇（曾任"脱欧党"领袖）就是人们享有的自由，只能说明此人对自由的认知颇为扭曲。我的一位美国朋友曾对我说，美国的自由表现在谁都有当流浪汉的权利。这哪是什么自由？只要精神状态还正常，谁也不会为当流浪汉而高兴。那不是自由，只能说是对人生的威胁。

新实在论VS新自由主义

　　对脱欧投赞成票的英国人认为自己在亲身展示什么是自由，尽管谁都明白鲍里斯·约翰逊和奈杰尔·法拉奇都不是聪明人，但英国人就是固执己见。他们坚持投票脱欧，而且谁也不认真思考脱了欧会怎样。新自由主义模式

――――――――――

　　[1]　被称为新古典派，使用数学进行经济分析的经济学派的创始人之一，自由主义思想的代表人物之一。

告诉他们，只要有执着精神和统计学依据，就可以无所不为。在英国人看来，价值观是没用的，只要新自由主义制度还在运行，就一切万事大吉。若不是这样想，他们也不会对混乱到如此程度的议会装聋作哑。

美国倒没有英国这类新自由主义。对美国来说，要基于价值——如本国的优势来制定行动计划并实施。除了纯粹统计、经济战争和博弈论，美国一直有着一整套非常保守的价值体系。从整体上看，美国委实是个强有力的保守国家。正因如此，整个国家才能团结一致共抗新自由主义。这与英国完全不同。

在这种情况下，"新实在论"能够抵御新自由主义吗？如果能，它能发挥什么作用呢？"新实在论"给出了关于人的主体性，或者说是行为主体（actor）的新概念。"新实在论"把人看成完全合理的存在，认为人的合理性不在于统计学意义上的事实，在此处人的概念发生了改变。

提倡"新实在论"的我们会认真对待具体的行为主体，而不会将其看成社会系统中的概率系数，这就是"新实在论"能与其他理论相区别的重要标志之一。新自由主义是舍弃人之存在的理论系统，在新自由主义看来，具体的人是否存在并不重要，这是新自由主义的根本错误。

构建"大理论"实为必须

资本主义发展至今，已显现出将引导人类走向毁灭的趋势。为阻止这一危险变为现实，我已在众多的学术领域挑选合适的合作伙伴，共同构建必要的"大理论"。我曾在多本书籍中对"大理论"做过详细论述，也向很多人发出邀请，请他们来完善补充。当然现在我的"大理论"还处于自说自话的阶段，为了让它早日成为更具客观性的主张，期待更多的志同道合之士与我一同探讨。

我们需要有普遍性的大理论。黑格尔的观念论、马克思的《资本论》都是给人类社会带来巨大影响的大理论，其影响延续至今。此外，来自西方的亚当·斯密、约翰·洛克和来自东方的毛泽东也都给人类留下了自己的大理论。

我们现在需要全新的大理论，它必须具备完全改变现行经济制度的力量。如今大学里研究部门的组织架构是对有害的资本主义劳动分工的拙劣模仿，大学并未给自身设定目标。经济制度的目标应是提升人性，而所有的学术领域都应持有一致的目标，那就是"理解人以及人得以走向幸福（well-being）的条件"。

　　很多人都对解开宇宙结构之谜一类的研究感兴趣，但宇宙的结构和人类的生存毫无关系。我倒不是说不该抱有好奇心，只是觉得连能源问题都没解决，我们有必要去研究宇宙结构吗？试想如果所有的物理学家都在各自的研究领域为解决能源问题埋头苦干，那是什么景象？肯定研究成果层出不穷、诺贝尔奖获得者先后出现、有价值的研究成果纷纷被政府采纳。到时候再去研究基础物理学不是更好吗？

　　如果真能那样，物理学家也算终于为人类做出贡献了。原谅我直言不讳，物理学家是破坏地球这颗行星的罪魁祸首。人们常说哲学毫无用处，还是物理学有用，这完全是错误的观念。物理学给人类社会带来的破坏堪称罄竹难书。

　　物理学家该用物理学做点有价值的事。哲学家已着手在做，比方说我们致力于构建大理论以拯救人类。物理学家们也应该奋起直追。

技术的危机

"人工"智能、GAFA、温柔的独裁国家

自然主义是最恶劣的认知顽疾

人工智能不过是幻想

我们在给 GAFA 免费打工

———

互联网的
本质就是平庸，
这是它的性质
所决定的。

自然主义是最恶劣的认知顽疾

我们过于轻视人类

　　我常说："自然主义[1]是最坏的认知顽疾，它腐蚀现代人类思想。"自然主义的内涵很丰富，但基本由两大要素集约而成。一个是形态学意义上的自然主义，另一个是给人类文明带来的重大影响。前者属于意识形态，后者是将意识形态现实化的产物，两者互为表里。

　　我们先来看第一个要素。所谓自然主义的意识形态就是"世上所有的东西都是自然科学的研究对象"这一思想。在自然主义者看来，独角兽只是无稽之谈，因为

---

　　[1]　形而上学理论之一，英文为naturalism。认为任何现象都可以运用存在于自然（非神灵等超自然意义上的自然，而是自然科学的对象领域，即宇宙）的原因和规律进行机械的解释。

在动物学的进化系谱中无法找到它的踪迹；漫画中的人物形象或睡梦里出现的东西全不存在，因为它们都是虚构的产物。

虽然如此，他们却承认脑体的状态存在，因为借助神经科学可以测量到大脑的状态，虚构的东西都出自大脑，所以存在的只是大脑。"只有被自然科学认定为存在的事物才真正存在。相信自然科学就够了。像常识、文学论、政治学或自己的感觉一类东西千万不能相信。" 这些就是自然主义者的大概信条。

自然主义的第二个要素是将这些意识形态或说是形而上学的观点变成现实。对自然主义而言，人之所以产生人性，完全是自然科学和科技发展的产物，与社会的发展毫无关联。这是因为自然主义认为社会并非现实存在的东西。自然主义者对人类社会的认识颇为独特：一种互相残杀的灵长类动物不知何故暂停了厮杀，之后形成一个地方，那就是人类社会。自然主义的研究皆持这一观点。

在自然主义者眼中，人类简直和黑猩猩没多大差别。哲学家兼自然科学家的雷蒙德·塔里斯（Raymond Tallis）有一部名叫《模仿人类》（*Aping Mankind*，尚无汉译本）的著作。在该书中，一群自然主义者把人类看作是"只比互相撕咬的类人猿稍微哲学一点的存在"。

自然科学无法谈论价值

"自然科学和科技发展就是一切"的思维方式正给地球带来巨大的破坏。这种思维方式是导致化石燃料滥用、原子能膨胀、人口过剩、新类型肿瘤激增的罪魁祸首，它已成为人类走向灭亡的自动装置。如果片面关注科技发展带来的文明与繁荣，就无法看清自然科学的本质。

我是一个科学实在论者（scientific realist），我承认自然科学能准确把握事物。费米子、玻色子和DNA的确都存在，对此我并不会否认。自然科学的问题在于它否定伦理观。我们无法用自然科学的视角研究伦理学，因为自然科学无法发现存在于世界中的事物的价值。比方说物理学以"某种动物的行为"这一视角来研究人类，但用这一视角无法认识人类的宝贵价值。可以说价值是行为规范之类的规约，诸如"万万不可杀人"这类规范。《圣经》也写道："不可杀戮。"

虽说不可杀人，但有的人仍会犯下杀人的罪过，所以才需要推出禁止杀人的行为规范，但自然科学家对这类规范毫无概念。在他们看来，这个世界既有杀人的人，也有不杀人的人，至于杀人对或不对，他们不进行价值判断。行为经济学也是一样，学者们着眼的只是人的行为，他们对行为规范毫无兴趣，有时甚至会否认行为规范的存在。正是因此，自然科学才成为现今地球上最具破坏性的要素。甚至可以说全球气候变暖都是自然主义的责任。一般人认为，解决气候变化等环境问题要靠科学的力量，其实科学才是这些问题的始作俑者。

迷信科学如同回归原始宗教

如今世界史的时针开始回转，"回转"一词也可以用在自然主义上。从哲学角度来看，自然主义是极其原始的思想。它属于"前苏格拉底哲学"，最早在公元前6世纪左右的地中海沿岸出现，是当时广受瞩目的思想。之后德谟克利特又提出了"这个世界只有原子和虚空"的原子论，其他的哲学家也提出万物之源是火或土，或在火、土、水、空气四大元素之外再加一个之类的学说。这些哲学家是初期的自然主义者，物理学也是从这些学说里衍生出来的。

也许多少有点奇怪，现在有不少自然科学家，特别是那些经常在公众场合抛头露面的，都喜欢大谈特谈一些带有哲学色彩的主张。已故的理论物理学家霍金博士在他的畅销书里根本没谈物理学，顶多写了一个方程式。俗话说"物理学就是方程式"，可见方程式是物理学的灵魂，而他竟然只写了一个。恕我直言，看他的书还不如看菲利普·K. 迪克[1]的科幻小说（笑）。

自然主义算得上问题多多。可政治家、教育主管部门的官僚们都会毕恭毕敬地征求科学家的意见；企业则对经济学家的意见照单全收。其实这些行为完全错了，那些专家根本不是合适的咨询对象。我在此给个忠告：千万别问学者跨界问题，否则你得到的建议都是瞎忽悠。

很多人迷信科学进步，迷信程度不输于原始宗教的信者，于是科学和迷信的界线真的模糊了。我们必须和"科学能拯救人类"这一科学主义迷信作斗争。

自然科学无法拯救人类。但现今人们都相信科学万能，笃信"人工智能能够战胜癌症"等幻想。如果科学真

---

[1]　美国科幻作家。代表作品有《仿生人会梦见电子羊吗？》（电影《银翼杀手》的原著）。

的昌盛到即将攻克癌症，为何我们坐一会儿飞机就可能患上中耳炎呢？中耳炎问题都解决不了，能消灭癌症吗？实在太荒谬。

不要被媒体大肆渲染的 "科研成果" 欺骗

我们坐下来想想社交媒体是如何报道科学相关新闻的。脸书、推特或是其他林林总总的在线媒体每天都在报道 "又有了新的科学发现"。基因编辑婴儿出生等类似的新闻充斥耳际，我们不由得产生错觉，似乎每天都涌现出200多个诺贝尔奖得主，10年以内人类的各种疾病全会消失。不过某一天觉得身体不太舒服，去医院检查发现竟是膀胱癌，顿时觉得天昏地暗：医学如此发达，为何只有自己得了绝症呢？

人类针对癌症的研究近年来取得了巨大的进步，但离攻克癌症还有很长一段路要走。我们的实际医疗水平和媒体大肆宣传的相距很远，这说出来令人沮丧，但却是毫不夸张的现实。所谓人工智能不过是计算机科学的零碎而已，当然多少能派上点用场，但大致等同于计算机新产品，不可过高评价。与其在人工智能上大笔投资，不如把钱用在真正的医学研究上。

当然不是所有的人都能这样想。也有很多医生认为人工智能能够辅助医疗，毕竟大数据分析确实提高了癌症筛查的精准度。不过人工智能并不能起什么作用，我能举出很多根据证明。需要澄清的是，医疗设备和诊断水平的提高会推动医学进步，这一点我们必须承认。

现在人人都在做梦，全人类都处于被催眠的状态。美国加利福尼亚州的文化本身就带有某种宗教的气味[1]。其实我很喜欢风光秀丽的加州，但这个州里合法的毒品实在太多了些。史蒂夫·乔布斯生于加州，他那类创业者的精神状态和"火人节"[2]（Burning Man Festival）参加者差不多，可以说基本不太正常。

自由散漫的思考方式有助于创意的诞生。但学习和

---

[1]　产生于美国西海岸，被称为"加州意识形态"。这种新意识形态是几种观念的杂糅，如认为通过技术革新能够实现人类和世界进步的技术决定论、西海岸的反主流文化和市场原理。该意识形态相信以互联网为代表的新技术能够连接一切，进而推动生产力和社会的良性发展，最终实现真正的自由和平等。不少人认为，亚马逊、谷歌、苹果、脸书这些IT企业之所以会在硅谷涌现，和"加州意识形态"有很大关系。

[2]　每年在美国内华达州的沙漠中举办的由参加者主导的大规模艺术节，谷歌大力鼓励员工参加。

吸收知识需要高度集中的注意力和自由思考相结合。互联网给我们的只有散漫的思考和药物上瘾儿童一般的精神状态，那就是人工智能。

区分知识和意识形态

在我看来，人是竭尽全力不让自己沦为动物的动物，因此技术才会在人类社会产生。一方面我们要肯定技术，但也要和自然主义区分开来。

我从未批判过自然科学的知识。已知的事物不断积累，我们拥有更多知识，这不但不能批判，反而要全面肯定。关于人类自身我们已经有了不少研究成果。但不可否认的是，自然科学的诸多领域里新的危机已汹涌而至。

比如在生物学领域，以弗朗西斯·克里克和詹姆斯·沃森（DNA双螺旋结构的发现者）等为代表的基因遗传学者的理论被发现是错的。当然不是说DNA本身不存在，是说他们当初提出的生命体的性状只取决于DNA排序的理论是错误的。如今DNA序列不改变的表观遗传也可以发生作用的说法已成为公认的学说。行为会随着经验和环境的变化而改变，细胞的行为也会随着摄入的食物而改变。细胞不会单方面规定人要摄入何种食物，而是会提出摄取食物种类的建议，人体再就建议做出反应。人体与细胞是一种双向互动的关系。

我现在正在和宇宙论的世界权威乔治·艾利斯（George Ellis）合写一篇关于自上向下（top-down）要因的论文。这个世界的因果链[1]，从人的诞生到基因的发现，基本上都是自上向下进行的。还原主义者的主张刚好相反，他们认为遗传基因、原子、电子这些元素组成了大的物体，是自下而上（bottom-up）型的，这种想法是错误的。我把自下而上型想法称为"乐高（LEGO）中心主义"。现实并不能像拼乐高玩具那样拼出来。

从量子机制的角度也能看出错误。量子现象的原理与用小部件组装成大桌子完全不同，但很多人固执地认为宇宙的结构就是拼装结构，这是非常幼稚的幻想。我们必须虚心接受正确的科学知识。

另一方面，科学知识（生物学知识）在"人类是动物"这一问题上的认知和常识一致。最近终于有了科学依据，我们能理直气壮地说人类确实是动物了。但是人类就

[1] 英国哲学家伯特兰·罗素提倡的概念。

是这样，有时明知是事实却仍然不愿承认。为什么呢？从20世纪七八十年代开始，哲学界一直流行着一个单纯思维模式，至今仍未消失。我在手头正写的书里称之为"生物学的外在论"（biological externalism），下面将举例说明它的含义。

假定我们在宇宙研究方面有了惊人的新发现，例如"没有H_2O分子的水是不存在的"。不管怎么说，没有H_2O就不是水。伸手捧起水，掌中一定不是纯粹的H_2O液体，因为含有其他杂质。但是每一捧每一滴水里都含有H_2O，因为如果不含H_2O就不是水。这是事实。

直到19世纪，没人知道这一事实，因为H_2O还没有被发现，没人知道水是什么东西。但当"水就是H_2O"这一事实被发现，再没人能够推翻它，也不会再有人问"万一不是H_2O怎么办呢"之类的问题。水就是H_2O，这一点已无可辩驳。

但现在人工智能的研究颇为荒谬，似乎在得意扬扬地宣称"有一个重大发现"，那就是"人的思维需要以在地球上经过了亿万年进化的生命体为载体"。人的思维本来就有生物学性质，就像H_2O等于水一样，没有思维能力就不能叫人。思维的确需要神经细胞等其他要素，但人之所以成为人，关键不在神经之类的东西。人的神经不是大脑，没有大脑也不存在神经，正如没有H_2O就没有水。这也是事实。

因为有用硅胶模仿人类神经网络的研究，有人开始思考"如果智能是硅胶怎么办"，这个问题是荒谬的。智能不可能是硅胶，智能是生物学的产物，担心智能是硅胶本身就是可笑的。Silicon Valley不是硅谷，可能就是专出愚蠢（silly）的骗子（con）的峡谷（valley）吧（笑）。

人工智能不过是幻想

运用莱布尼茨公式将人工智能哲学化

人工智能永远不可能取代人脑。不仅如此，人类的未来也不会有人工智能的一席之地，因为所谓人工智能不过是幻想，炙手可热的人工智能从本质上说不过是稍微复杂一点的文件夹而已。

世界上最早问世的网络首页的URL是"http:/info.cern. ch"，很多人可能并不了解，互联网（万维网）最早在瑞士发明。蒂姆·伯纳斯–李[1]（Tim Berners–Lee）设计了世界上第一个万维网首页。

这个首页的设计单纯明快，有数个文件、超文本，仅

---

[1] 万维网的创始者。生于英国，在瑞士的欧洲核子研究组织（CERN）任职期间发明了万维网。

此而已。蒂姆·伯纳斯-李是技术专家，他只不过做了一些非线性文本，也就是几个文件。我们可以想象一下更具物理性质的文件，互联网或说页面本身就有物理性质。

我们来回忆一下传统的纸质文件夹，里面一般装有出生证明、高中毕业证书等。正常人不会把这种文件夹与智能联系在一起。出生证明后面放的是毕业证，再后面可能是租房合同，这些文件在文件夹里按一定的逻辑排列在一起，这其实是数据处理。纸质文件夹的用法和计算机的数据处理其实是同一性质。

行政单位的纸质文件和互联网上的电子文件没有本质上的区别，电子文件的结构可能稍微复杂一点，仅此而已。如果把网络程序、算法、深度学习这些东西称为智能，纸质文件夹也可以算智能，但谁也不会认为纸质文件夹是智能。其实在我看来，世界上就压根没什么人工智能。

人工智能不过是有点小聪明的人忽悠别人的把戏。知道mechanism（机制）这个词的语源吗？它来自machine（机器）一词，machine的语源是希腊语的mechane。mechane是诡计或花招的意思。盲诗人荷马把特洛伊木马称作mechane（诡计），所以mechanism的本意是诡计。从这

个角度上说，machine（机器）不可能成为智能，原因简直
不言自明。

自动化的负面

尽管如此，人工智能确实能承担部分的人类劳动，
我并不否认这一点。世界上跑得最快的运动员也赢不了汽
车，所以汽车取代了双腿，打字机取代了手写，旅游网站
的搜索服务取代了旅行社。这是没有办法的，这也是自然
规律。

但我们需要牢记，人工智能替代人类劳动并不都是好
事。我最近有出行计划，与从前不同的是我重新开始联系
旅行社，请工作人员帮忙制定行程。因为我发现旅游网站
往往缺乏目的地的详细信息，就精准度而言它提供的信息
远逊于旅行社的工作人员。

杜塞尔多夫（德国城市，北威州首府）有一家很好的
旅行社，该社对我的需求了如指掌，是绝佳的出行助手。
在旅游网站上检索信息快捷简单，但网站不太了解我的个
人需求。网站有数据分析能力，也许能了解到我这一类用
户的大概需求，但不可能精准，而且算法总有失误的时

候。去旅行社则是另一种感受：接待我的工作人员绝不会出错，堪称完美。原因是他们在对我个人做出调查的基础上提供量身定做服务。

　　在线检索系统当然也做调查，但充其量只得到马库斯·加布里尔那类人的表象，并不知道我这个人。我去的旅行社认得、了解我这个人，所以我能够和秘书商量，一起制订出最好的旅行计划。秘书、旅行社、互联网三样齐备，旅行的所有决策都能尽善尽美。光靠互联网就有些惨，最好的情况下也只能制订出平庸的旅行计划。互联网的本质就是平庸，这是它的性质所决定的。它提供的服务都是抹去特征、面目模糊的大众化玩意。大数据就是典型的例子，它不会找到最好的模式，而会找出最平均、最一般的模式。也就是说，它提供的不是"好的"，而是"可能的"，但"可能的"与"好的"不能划等号。假如我们去柏林看歌剧，搜索发现有3部剧可供选择。这3部剧哪部是最好的呢？也许只能碰运气。

　　也许有人灵机一动，说可以把3个剧目都放到网上，再写个程序让网民随便评价。但评价也只能成为各种主观意见的汇集，很难得出真正客观的结果。

大家多少也有所察觉，越是品位欠佳的住客越喜欢对酒店评头论足。更悲哀的是，互联网也会把他们的蹩脚评论一条不落地记录下来。

在现实世界中，如果有人对你评价低，你多半不会理会他到底有什么想法，决策时更不会受他的影响。但到了网络虚拟世界，我们却对所谓的口碑奉若神明。现实生活中我们可能对有些人的意见不屑一顾，但来自网络的意见我们却照单全收，哪怕这些人其实不值得信任。

可以说网络就是臭皮匠们互相出主意的场所。有人一本正经地称之为"群智能"（Swarm Intelligence），实际群体并没有智能，只有共同平庸。如前文所述，互联网的本质是平庸，只能给用户带来套路化的结果。当然，也许平庸也比没结果好。在网上搜索飞机票就简单快捷，多少能得到想要的信息。在20世纪60年代订机票是件麻烦事，得花费大量时间和精力，直到纸质机票和小册子到手才算成功。万一丢了就上不了飞机，因为那时机票预约信息没有备份。当然也有好的一面。当时整个机舱全是商务舱，不像现在有什么高级经济舱之类，乘机时的心情也和现在完全不一样。

如果有人问那时的乘机环境与现在比怎样，我给不出准确的回答，但很多人坚称那时的环境不如现在的好。原因很简单，互联网一直吹嘘"我们取得了很大的进步"。所以世人都觉得现在是"最好的时代"，回到过去是必须要坚决抵制的事。真是那样吗？用纸笔写信的时代难道不比现在好很多吗？

不要以为实现了自动化，世上的一切都会自动变好，那只是某些人炮制出来忽悠人的宏大神话。恰恰相反，自动化只会让所有事物平庸化。

自动化带来的余暇仍会消化于网络

有人认为机器和人工智能可以为我们节省出很多时间，这些时间能用到创造性活动上去。这话听着让人心潮澎湃，实际怎么样呢？想想人们究竟怎么使用谷歌和苹果这些来自加利福尼亚的企业带给我们的"创造性"余暇，无非是在奈飞看电影，或花更长时间在网上无聊地闲逛，这就是现实。我们的休闲数据被反馈给系统，系统会源源不断地给我们新推送，完全是一种恶性循环。互联网并没有给我们攒下每天4小时的闲暇时间，让我们用于冥想、锻炼或在森林中散步。不用说散步，很多人压根不会去森林。结束了一天的工作后做什么呢？在互联网上休闲娱乐一下吧。这就是现实。

我不相信互联网会让人类变得更富创造性。当然我也不否认互联网有助于开阔视野，多少能学一点东西。

在我看来，智能（intelligence）是在规定的时间内解决课题的能力。从这个意义上说，对于同一个课题，能够更快解决它的系统就是更富智能的系统。现在许多问题都可以用数字技术迅速解决。比如下一趟电车什么时候来？比起直接去车站或去翻纸质时刻表，现在的办法要快得多。

如何运用莱布尼茨公式将人工智能哲学化

不能忘记的是，过分相信机器有时会犯大错误，关于其理由有些不错的议论。其实算法和人工智能不过是模仿动物性思维的一种模式。比如我想去旅游，这就是动物性思维。人工智能系统就是把这些思维汇集起来，再转换成一种思维模式。但是模式永远不会和它的对象系统画等号。一张地图不会等同于领地，不管什么样的地图都有着领地没有的特征。所以思维模式也具有思维本身不具有的特征，思维模式不等于思维。

　　同一性也是一个道理。莱布尼茨公式对同一性的哲学定义如下："当A的属性完全等于B的属性时，A和B是同一的"。我和马库斯·加布里尔是同一的关系，因为我的属性是马库斯·加布里尔的属性。我在这里坐着，马库斯·加布里尔也在这里坐着。这是我的左手，也是马库斯·加布里尔的左手；马库斯·加布里尔有着和我完全一样的属性，我就是马库斯·加布里尔，这就是同一性。桌子有着桌子的所有属性，就是这个道理。

　　如果思维模式里缺乏作为思维的特征，那就不是思维，因为它没有思维应有的所有属性。所以动物性智能模式的人工智能并不是智能，它貌似智能，却是别的东西。这个道理不难理解。

机器的性能不等于可靠性

　　为什么需要做上一节所说的讨论呢？因为它和我下面要说的内容有关。计算机科学是一门经验科学，它将对象的系统模式化并对其进行研究。系统是固有的，计算机科学不过是对其进行研究，所以计算机科学和其研究的对象之间有差异。如果不是这样，计算机科学就是先天、纯粹的思考，事实上计算机科学有研究对象。

　　计算机科学既然是需要调查的经验科学，就会有出错的时候。所以不管将它视为手段还是机器的产物，都与对象的系统本身有所不同。计算程序（算法）虽然是把对现实社会的思考或动物性思维过程加以模式化的东西，但它并非思考本身，所以算法是不可信的。

　　如果我们无条件信任一个人，可能会有相应的风险。但这些风险也可以看作是人为自由付出的代价。人机关系也会产生风险，但机器完全没有（作为自立的行为者的）自由。由于有风险，即使机器能一丝不苟地运转，也是不可信任的。若要对它进行评价，也只是"性能还不错"。

　　性能和可靠性是完全不同的概念。你觉得某个人值得信任，是因为他很能干吗？绝对不是，是因为你和他建立了一种伦理的关系。也许对方最终会让你倍感幻灭，但你不会对机器幻灭，因为机器只会性能停止，它不是幻灭的对象。

　　我们之所以对人工智能评价过高，归根结底是我们对自己的评价过高，之后把自己的能力投射到机器上。这是古典型投影，只投射自己的影子，而不去看机器内部实际上发生了什么。其实我们根本没有理解机器的性能。

为什么会这样呢？因为机器的设计者希望如此，苹果手机是典型的例子。苹果手机里的零部件是看不到的，它是一整块完美的模块设计。无论是谁，可以拿起手边的苹果手机尝试打开，一般都会失败。就算用蛮力抠开，手机十有八九会坏。它的设计就是不能轻松打开，因为它不想让你看到里边。

从另一个角度讲，苹果手机有着卓越的用户体验和亲和性，因为整体性能优异，你会觉得它似乎比你还聪明。但这是一种把戏，苹果手机不过是机器而已。正如前文所述，机器的原本意思就是诡计。

机器人和人不是同一物种。人是动物，而机器人并非动物。如果你认为人和机器人很像，那就完全错了。机器人有时会做出和人很相似的行为，这是事实。但是人是否和机器人很像呢？绝对不像。人和机器人不但没有同一性，也毫无类似性。

在有些机能上，机器人和人似乎有点相似。机器人拿一个水果给我，我拿一个水果给另外一个人，我和机器人的动作看上去很相似。但我再强调一次，这不是同一性。我用手，但机器人没有手。机器人有的只是类似人手的装置，那不是细胞形成的手，而是金属的手。

机器人足球游戏是一个很好的例子。如果跟机器人足球队比赛，任何一个真人组成的球队都能轻易取胜，连我这个完全不擅长足球的人都能战胜它们。战胜机器人的方法很简单，看看比赛就知道了，机器人的动作真的很"笨"。

为何劳动力被机器取代会导致经济下滑

正如前文所述，人工智能的确承担了部分的人力劳动，同时也催生了新数字劳动阶层。

但如果机器承担了所有的人力劳动，经济就会崩溃。很多人觉得若是汽车生产能实现全机械化，再无须人类插手是值得大书特书的盛事。想想原本从事汽车制造的人呢？他们没了工作，自然无处领薪水，因此提倡"基本收入"（basic income）乃是应当，因为我们必须直面现实。自动化会导致经济崩溃，除非保障人们的基本收入，否则经济衰退无法避免。

有基本收入傍身，人们才会持续消费。如果推行了基本收入政策，经济衰退的势头仍未能减缓的话，就要进一步采取提高基本收入金额等措施。

假如我买了一个路易·威登的包，路易·威登就有了收益。这个收益会流入一些人的腰包，他们再去消费，经济循环因此形成。但经济循环可能很难维持较大规模，因为人一旦缺钱就会自然而然减少消费行为。可是机器不需要报酬，没人会给机器付工资，机器更不会购物，因此机器的参与越多，经济循环中的人就越少，经济活动会逐渐停滞，我们都会变穷。

劳动力越来越少，生产活动日渐衰退，再无法创造出购买路易·威登包的价值，于是劳动力、生产力、消费活动等经济循环中的一切都会停滞。

如果我们身处的环境被完全或最大限度地自动化就会引发上述结果。试想在未来的某一天，人类终于到了一贫如洗的地步，连给人工智能升级到最新云系统的经费都拿不出。人工智能升级失败，以它为支撑的劳动环境会彻底崩溃，那时的人类已习惯于完全依赖机器，早忘了该如何劳动，他们很快会陷入混战。如今我们正在编写世界如此崩溃的剧本。

如果大家真的为自动化可能夺去我们的工作而忧心忡忡，就去身体力行地斗争。在现代科学环境中，民主主义也不能回避应做之事。机器在性能上远逊于人类，担忧被机器夺走工作的人们应该让别人也认清这一点，甚至可以用石头把机器破坏掉。

但现实如何呢？人们不仅不敢起来斗争，反而一头扎进互联网让自己越来越愚蠢。所谓基本收入政策听起来很美，但也可能是空头支票，无人做出努力就不会兑现。就我个人而言，我赞成基本收入政策，因为它是福利国家制度下最好的解决办法。

我们在给 GAFA 免费打工

为什么需要限制网络巨头

下面我们来聊一聊GAFA（Google、Amazon、Facebook、Apple）。从某种程度上说，现在全世界都被这四家公司统治着。想结束GAFA对世界的统治，应该制定相应的规则和法律，对它们进行严格的制约，让它们再无法为所欲为。至于具体使用何种理由、采取何种方法、设立何种法律制度，可以集思广益并展开深入的讨论，但我认为规制是必须的。

GAFA靠数据赚钱。数据其实是算法和网民的"输入"（input）之间产生的差异。我们先举例说明什么是输入。假如我要开一个热热闹闹的烧烤派对，还把拍摄的派对照片传到网上，就算脸书和谷歌这两家企业与我没什么关系，它们依然会从我上传的照片上获利。但辛苦举办派对、努力拍照并上传照片的是我，我亲力亲为的一系列行为都可视为劳动，我在为脸书、谷歌这些毫无关系的公司创造价值。在脸书一类社交媒体尚未出现的时代，我们不可能上传什么照片，因为没有载体。不仅不会上传，估计一般人对拍照也没多大热情，顶多拍几张塞进家庭相册。现在人人拼命拍照，为了上传到脸书上给人看。大家都在给脸书打工，而且干得废寝忘食。

脸书给大家多少酬劳？一分钱也没有，所以应该向脸书征税。征税无疑是一种解决办法，但因为牵扯到法律问题，实际运作并不容易，更好的办法是让它们给用户提供基本收入。大家不妨稍作想象，如果要求GAFA这四家网络巨头向用户按时间单位支付基本收入，会是什么样的情景。德国的最低时薪约为10欧元[1]，如果我在网上使用了1小时GAFA四巨头中某家的服务（比方说想外出吃饭前检索餐馆信息），等于为它打了1小时工，按最低时薪计算，该巨头应往我的账户打10欧元。因为该巨头也为我提供了检索结果，这服务也该收费，那就从

---

[1]　德国的最低时薪为每小时9.19欧元（截止至2019年1月，据独立行政法人劳动政策研究研修机构调查）。

10欧元中抵扣，我只拿剩余部分。在线时间、服务价值等数据GAFA很容易获得，据此算出具体金额可以说轻而易举。据我推算，除去它们提供的服务价值部分，1小时我能得到7或8欧元。比起直截了当地征税，这是更好的解决方案。

各国政府应该意识到本国民众实际都是网络巨头GAFA的雇员。在不久的将来，GAFA或许会改变操作方式，或乖乖向我们支付报酬。如果以上提案真能成为现实，很多经济问题都可以解决，每天上上网就能成为富翁（笑）。成为富翁有点言过其实，解决温饱肯定不成问题。

数字无产者大量产生

我曾在2019年5月1日接受过一家西班牙报纸《国家报》的采访，记得我当时说过，每个人都要清醒地意识到自己已沦为数字无产者。我们为多家或是一家网络企业免费打工，人类历史上从未出现过如此奇景。GAFA也许会百般解释，说自己虽从用户那里收集大数据，但也免费提供了便利的服务作为回报。其实它们的服务并非免费，我们在为它们无偿打工，虽然很多时候并未意识到。

我们举个简单的例子说明。假如某人想吃薯条，他来到波恩某家薯条店。店老板说薯条可以免费吃，某人心花怒放，立刻点餐。老板接着说得去某块地里挖土豆，挖来土豆才能做薯条。好在土豆田免费开放，自己动手挖就行。

说来说去，某人得帮薯条店干活才能吃到薯条。薯条听起来免费，也不是真的白给。GAFA的套路和薯条店一模一样，它们从未给用户提供过免费的服务，所谓"免费"只是幌子。从表面上看，它们的收益主要来自天价广告费，但归根结底源于用户的无偿劳动。

为何我们一直被它们的套路蒙蔽？因为一般人脑中的"劳动"概念实在一团糟，根本不懂究竟什么是劳动。一般人大都持有马克思主义劳动观，它也不算完全错误。在马克思主义者看来，劳动是指将肉体的、活动的现实转换成别的形态。比如把木材加工成桌子就是劳动。

但到了网络空间，马克思主义劳动观可能力有不逮。网络空间的劳动如何发生？举办烧烤派对（肉体的、活动的现实），然后拍照，这就是现实的转换。把照片上传到网上，上传这个行为也构成了转换。

　　问题是大部分人认为网络不是物质的世界，当然这是错误的。你或许觉得网络空间的信息互动是一种精神层面的行为，但互联网实质是物质的世界，比如服务器和半导体芯片都是物质的。互联网就是将线路、芯片、电磁辐射以一定的方法组装起来的集合体。很多人至今没能认清这一现实。

　　最新调查结果显示，1年中我们泡在网上的时间超过4个月。也就是说1年中我们有4个月都在给别人白干活。我们或许会自我安慰，觉得毕竟从网络获得了一些服务，但跟我们付出的代价相比那些服务少得可怜。

日本是善于创造技术意识形态的国家

　　曾几何时，谷歌宣布要在柏林的克罗伊茨贝格（Kreuzberg）建立新的园区，但柏林随即出现了抵制运动。在日本，对科技巨头的抗议活动似乎少有出现。由此可见，关于如何看待技术，德日两国民众有着巨大差异。

　　原因何在呢？在我看来，日本是一个非常善于创造技术意识形态的国家。日本是编织技术神话的高手，放眼全球都难找到能和日本并肩的国家。在20世纪90年代，日本技术神话的影响力不输今日的加利福尼亚，甚至还略胜一筹。

尽管如今日本的存在感已大打折扣，但若没有日本对现代性的贡献，电子游戏就不会是现在的面貌，我们能从互联网获得的体验也会完全不同。

从这个意义上讲，日本仍然是世界上科技最发达的地区之一。曾经风靡全球的电子宠物鸡游戏"Tamagotchi"是通过将爱情投射在机器上，把人的欲望完美转换的电子游戏。和其他社会相比，日本这样的社会似乎更容易产生和接受这类文化。

德国爆发的反GAFA运动并非偶然。我一直强烈地感觉到，在德国历史中技术与独裁主义、意识形态的关联十分耐人寻味。德国人发明了汽车，这是他们为毁灭人类做出的杰出"贡献"。虽说如今的德国人常抱有努力修正原有意识形态的使命感，但仍无法抹去德国人研制出了世界最坏发明的事实。

当然还有不少国家也在毁灭人类方面做出过"贡献"，不光只有德国，再说德国也出过康德、黑格尔等对现代性做出突出贡献的人物。但我仍要重申，上述罪过仍然无法抵消。

此外德国在两次世界大战中都"扮演"了举足轻重的角色。毋庸置疑，多种要因互相作用才会最终引发战争。但概括地说，是德国发动了战争，而且发动的是将科技用到极致，以实现大量杀伤人类目的的残酷战争。因此德国人对科技的看法与别国大不相同，他们认为科技是可能给人类带来毁灭性危险的恶之力量。除了少数靠科技赚钱的人，但凡有一点批判性思维能力的德国人都会对数字科技抱有强烈的抵触情绪。在他们看来，数字科技就是独裁，他们对数字科技的抵抗就是对独裁的抵抗。

日本是温柔的独裁国家

我很喜欢日本，但每次去日本都会产生一种置身于独裁国家的感觉。按理说，日本的确是民主国家，日本人也温和友善。但我必须实话实说，日本是一个温和柔软的独裁国家。因为日本民众都认可这种制度，所以是一种软独裁。日本的公共交通特别是电车系统的完美程度简直无可挑剔。但作为男性乘客，即使老老实实在电车站台上排队，如果停在面前的是粉色的"女性专用车厢"，也必须从别的车厢上车。

如果有男性乘客因不知规矩而误进粉色车厢，就有戴着白手套的车站工作人员来赶人，工作人员的态度并不恶劣，甚至可能很客气。说起来有些尴尬，我也被赶出去过。有一次去东京，我误打误撞进了粉色车厢，正在琢磨为什么这节车厢要涂成粉的，一位白手套工作人员就出现在我眼前。这就是软独裁国家的做法。

日本这个国家有一种接近完美的功能性，内置高深的精神性和美感，但也有黑暗的一面。日本的文化非常发达，民众对于什么是美有着共通的认知。美食也好，庭园也好，一切都井然有序、完美无缺，这是日本文化卓越的一面。另一方面它也存在着黑暗的力量，日本社会中所有被压抑的对象滋生了这种黑暗。日本社会有着太多复杂严格的规矩，比如不能迟到、不能出错，人的精神时刻承受着巨大的压力。人们必须服从于技术和规则，就像必须服从电车站的白手套工作人员。我把这种正负两面共存的特点叫作规定着日本的对立关系。无论多发达的社会都有结构性的对立关系，对立关系就是辩证法。

第七章

表象的危机
事实、假新闻、美国病

虚构与事实之间
开始追求形象本身的人们

———

人无法进行
虚伪的思考。

虚构与事实之间

什么是表象

　　前文列举的4个重大危机——价值的危机、民主主义的危机、资本主义的危机、技术的危机，都可以用"表象的危机"来概括。

　　所谓表象的危机尤其体现在照片、图片与人的关系上。我们来举例说明。近来科学家在介绍研究成果或解说事物时也喜欢用PPT，连哲学家也不能免俗。其实PPT提供给人们的并非有利于思考的精神食粮，它们提供的只是照片和图片形象。照片只能是照片，不会成为理性讨论的对象。但不少人误以为照片是现实，所以喜欢到处拍照。

　　再举一个去巴黎观光的例子。一般来说，去巴黎的观光客在卢浮宫看到《蒙娜丽莎》的油画时首先会做什么？

对，会拍照。好像他们去巴黎就是为了拍《蒙娜丽莎》油画的照片。此外他们也许会去买路易·威登的包。想想这类行为形态实在滑稽可笑。

总之，我们与照片之类的形象间并没有建构出一个理想的关系。这就是我说的表象的危机。

首先说明一下什么是表象。所谓表象是指关于现实的模式，有着正确或不正确的属性。因此既有正确的表象，也有不正确的表象。最难判断的是具有真伪性质的表象，在哲学里有关真伪的表象称作命题（proposition）或信念（belief）。不存在严格的二择一，只与正确程度相关的叫作形象（image）。

表象由规范（norm）决定。正确与否由某一规范来决定，但有一点容易被忘记，那就是表象的对象，也就是被表象的东西即是规范。可以举一个具体的例子说明。假设我有一个"桌上有50个杯子"的信念，要判断它的真伪并不难，如果桌上只有一个杯子，这个信念就是假的。事实就是判断"我的信念是真是假"的规范。杯子不足50个，这个信念就是假的。也就是说，我思考的规范性存在于现实中。

形象本身不具有好坏的属性

　　表象的危机存在于错误的想法中。最典型的错误想法就是"表象的规范性存在于表象里"。如果依照这种想法，那形象的好坏由形象本身决定。这种想法与危机直接相关。

　　某种形象好与不好绝非由形象本身决定，而是取决于现实。形象没有好或坏这种内在属性，不过艺术是例外。如果梵高画了一幅鞋的画，是不是真有鞋并不重要，重要的是梵高用何种手法画这幅画，这就是艺术的表象。艺术的表象不是对现实的复制，它与现实无关，现实与梵高之间不存在任何关系。艺术既不真也不假，它是中立的、虚构的东西。

　　表象的危机就是将艺术或设计作品与所有其他表象混淆在一起。换句话说，我们将所有的表象都看作是艺术。我们眼中的一切成了艺术，这就是我说的危机。我们看以美国政坛斗争为主题的连续剧《纸牌屋》（*House of Cards*）时，会觉得简直像是纪录片。我们甚至以为在华盛顿真会发生类似于《纸牌屋》的事件，其实《纸牌屋》不过是虚构的连续剧。无独有偶，我们看《西部世界》[1]（*Westworld*）时或许真觉得机器人会被植入意识，这也是错的。《西部世界》里一个机器人都没有，机器人都是真人演员扮演的。

被表面形象迷惑的世界

这种表象的危机，即对形象抱有的错误认知也伴随着某种逻辑归结。人们看到一个形象，就会想"那一定是真的"。为什么呢？他们判断的依据是形象本身现实存在，并不是因为形象与环境的关系是真的。所以形象很容易被操控。人们意识不到存在于形象背后的真相，也意识不到"屏幕"（screen）背后的现实，所以会越来越愚蠢。因为人们对"屏幕"的理解是错的，现实被屏幕遮蔽而不可见。这是第一个错误。

民粹主义者们大声疾呼，控诉一小撮精英把控政治为所欲为。这种想法是彻头彻尾的谬误。这就和"这里有一些形象，这些形象与什么相关并不重要"的论调犯了同样的错。形象与什么相关、与什么相联系这一点至关重要。

---

[1] 假设高仿真机器人拥有了"自主意识"后对抗人类的美国科幻剧集。

我们日常使用的钞票也是一个道理。很多人认为钞票不代表任何东西，这也是大错特错。50美元的钞票可以代表50美元能买到的任何东西，换句话说，50美元的钞票可以成为任何用50美元买到的东西的表象。表象的逻辑随着货币与其他货币或物品的相对关系变化。经济状况能影响50美元钞票的实际价值，但并不意味着钞票本身没有价值。50美元钞票本身有价值，"可以和50美元钞票兑换的所有东西"就是它的价值。价值的多少会发生变化，但归根结底有着客观存在的价值。所以50美元的钞票虽然只是一张薄纸，但它是能买到的所有东西的表象。

人们尚未理解民主的功能

形象是本体的代表。就民主社会的选举而言，参加竞选的政党候选人代表着选民的意志，但选民们未必真正理解自己与候选人的关系。对于民主社会而言，正确理解这种关系十分重要。如果某位候选人当选，成为真正意义上的代理人，人们会自然而然认定他必须竭尽全力来兑现竞选时的承诺。这种看法其实是对代议制的曲解。

我们再举个更具体的例子。某候选人承诺当选后要减税，如果他当选后没有实施减税政策，人们一定会群起而攻之，指责他是不信守诺言的骗子。实际上该候选人并没有说谎。他确实是选民的代表，但议会有着非常复杂的议政机制，每位议员都代表着不同选民群体的利益与诉求。当选前提出的承诺只是一个努力的目标，他并没有保证一定会兑现，因为竞选时他也不知到底能不能兑现。

政治是现实的，一厢情愿往往什么都办不到。给政党投票并不等同于花钱购物，我们并不是在购买什么。我们投票并不是把票施舍给某个政党或某个候选人，而是在选择自己喜欢或相信的理念。政党自然要为实现政治理念和竞选承诺努力，但有些承诺囿于现实状况很难实现。议员们每天都在直面现实，我们应该向他们表示敬意。但我们往往毫无来由地认定政治家都是腐败分子，对他们颇为轻慢。给某个政治家投了票却没得到期待的结果，马上认为政治家皆腐败。换个说法也许很搞笑，这就像某人认为自己买了汽车，但实际上买的并不是汽车，某人却怨气冲天，觉得自己被辜负了一样。很多人自认为民主主义者，却压根不知道自己在做什么。

这是极端严重的问题。如果民众不理解民主是怎么回事，民主会失灵。如今很多民主国家的民众全然不懂何为民主主义的本质。如前文所述，这就是民主主义的危机。

也有些国家的情况稍好些，但大部分国家都不行，大部分民众根本不懂什么是民主。法国算是好的，因为法国有着政治性极强的历史，所以法国人十分关注现实政治。与法国相比，德国有优势也有劣势，若举个劣势的例子，就是太容易受当下社会现实的影响。美国的问题最为突出，原因在于美国政治的代理程度非常高，形象在其中起的作用也非常大。

开始追求形象本身的人们

形象大国美国的另一个危机

在美国，形象的重要性极高，影响力巨大。我们曾在第一章谈到"拟态"，美国的一切都像是"拟态"。以美国的建筑物为例，它的拟态部分（建筑物的正面）一般都宏伟漂亮，走进去就会发现问题多多，很多设备坏到根本不能用。在美国，即使去大富翁家的豪宅做客，客人也不太会陷入目眩神迷的状态——或者空调的噪音太大，或者门关不严，豪宅的一切都不完美、不精致。这就是拟态的形象。

美国人喜欢独门独户的别墅式房子，因为他们想让别人觉得自己的家气派豪华。很可惜他们的家顶多看着气派，更贴切地说很可能金玉其外败絮其中，连大名鼎鼎的纽约都是那种感觉。我曾在纽约执教，当时第一次有大学给了我一个做社会调查的终身教职，但我拒绝了。要知道，纽约是不少人打破头都想挤进去的城市，但我感受不到一点魅力。当时我郁郁寡欢地想，如果以后要一直在纽约生活，那就太可怕了。

不管在美国的哪儿，只要说自己来自纽约，别人都会羡慕地说："纽约来的啊？太棒了，多好的地方啊！"纽约人一般会随声附和说："就是啊！纽约是一个很棒的城市。"说实在的，很多纽约人并非真心喜欢自家城市。日夜吵闹影响睡眠；街上脏兮兮，到处是老鼠和垃圾，还有臭味；夏天酷热；市政设施老旧，什么都是坏的；地铁一团糟，车厢有老鼠跑来跑去；无论去哪儿，都能看到让人堵心的东西。就我而言，这样的地方最多住一个月就想逃离。

即便如此，纽约人还是以住在纽约沾沾自喜。因为他们知道其他地方的人都认为生活在纽约是一件令人羡慕的事，这成了他们继续在纽约"受罪"的间接动机。即使自己并不觉得多好，只要别人觉得好就行，很多美国人都爱做这类蠢事。

和美国人相比，德国人现实多了。对德国人来说，别人怎么想根本无所谓，重要的是自己是否真在享受生活；美国人则完全相反，自己是否享受生活实在无关紧要，他们更在意别人怎么看。这也是表象危机的一种。比如A先生抱有的自我形象是"我并没有享受生活"，但如果自我形象的元形象（meta-image），也就是别人对A先生抱有的形象是"他在享受生活"，A先生会开始在元形象层面享受自己的生活。换句话说，A先生享受的不是生活，而是生活的形象。

正因如此，脸书才会在美国问世。没人真会把无聊的日常生活拍下来传到网上，办烧烤派对是挺时髦的事，所以要上传照片晒一晒。一般不会有人在腹泻时拍照上传，尽管那也是实实在在的日常生活场景，上传也是在记录生活，但没人那么做。为什么呢？因为人们想晒的都是想让人羡慕、让人称赞的场景。

补充　新实在论的启示

　　在我们对马库斯·加布里尔的访谈中，他就世界和人类所面临的五大危机形象生动地阐述了自己作为哲学家的见解。他的表述睿智又流畅，还时不时带有一丝幽默。

　　在访谈的最后部分，编辑部再次就"新实在论"求教。这位在当今世界上最受瞩目的新锐哲学家探身拿起桌上的咖啡杯，开始侃侃而谈。

　　以上内容被整理成本书的补充部分。本部分既有对所有访谈内容的回顾，也从整体上回答了"新实在论"如何看世界这一问题。

　　编辑部：你说"现实有若干个，视点也有若干个"，所以"不同的人有着不同的现实"。你也说"世界不存在"，但同时又认为人类是同一个种的动物，具有共通的普遍道德价值观，人与人之间可以互相理解。关于这三个论点的关系，能不能再给我们解释一下？

加布里尔：这个问题提得很好。我们从视点的问题谈起。这个问题和多元论及"世界不存在"这一想法相通。如果我和你一起看一个杯子，这里就产生了3个视点，杯子本身、我对杯子的看法和你对杯子的看法。我对杯子的看法是现实中的一个对象（object），可称为我的视点；我对杯子的视点和杯子本身有着同等程度的实在性（real），你对杯子的视点也和杯子本身有着同等程度的实在性，这就是多元论。

杯子不存在——因为世界也不存在

我们再进入下一步。实际存在的杯子是什么呢？刚才我提到杯子本身、我对杯子的看法和你对杯子的看法，这三者交叉形成了实际存在的杯子。

编辑部：那就是说，不存在自身完全独立存在的杯子？

加布里尔：的确如此。既存在对我而言的独立杯子，也存在对你而言的独立杯子，两者都存在，它们是同一个杯子，因为你和我处于同一个意义场，即对杯子的感知这一意义场。当然意义场也可以改变。如果我们把这个例子的层次转换成发生量子现象的纳米世界，就不再有什么杯子了。微观世界里没有杯子，有的是电子，那是非常微小的，小得连物体都称不上。

如果用原子的概念来想象，可能比电子容易理解一些。通常原子是看不到的。我们可以看到杯子，但看不到原子，我们在日常生活中也不会意识到原子。但如果将日常的中观层次感知转换成原子层面，原子就可以被看到了，这就是所谓的意义场转换。当然真想看到电子的话，我们还需要测定原子的方法和发现原子的装置。也就是说，一旦意义场转换，需要采取的方法就会完全不同。

此处也存在两个视点，即我对原子的视点和你对原子的视点，但这里的意义场已变为科学。也就是说，从看杯子时的感知转换成为物理学观点，意义场发生了改变。这里我们开始进入"世界不存在"的核心层面。"世界不存在"并不是只在一个意义场显现，如果在感知这一意义场，可以说"只凭自身完全独立的杯子不存在"。"世界不存在"发生在复数的意义场中，不仅在单一的意义场。

杯子和原子之间不存在第三个对象，要么是杯子，要么是原子，没有其他。杯子并不是原子构成的，因为杯子能够被感知，而原子不能。既然杯子能被感知，用不可被感知的原子就不能构成杯子，否则意味着原子也是肉眼可见的。

科学的意义场和普通的感知意义场尽管有关联，但并不完全等同，理由很简单，正如杯子和原子之间不存在第三个对象。这就是"世界不存在"的含义，意义场之外不存在现实。你存在于一个"场"的同时，你能够存在的其他"场"也会恒在，这就是存在论层次的话题了。

视点有好有坏

我们可以在社会层面继续探讨。当发生社会对立时，一定会有针对同一话题的两种视点。当论及税金如何使用时，如果在税金、未来、分配等问题上生出不同视点，就很容易出现对立。这和上面说到的感知的例子很相似。当然，此处的对象主要是时间意义上的对象，也就是现在的税金加上未来的成果，与杯子的案例相比包含着不同的程序，意义场也不同。即使如此，两个例子仍然有相似之处。

当意见对立发生时，可能一方的意见正确，另一方则不那么正确。套用刚才的例子，就是你对杯子的感知可能比我的正确，原因可能多种多样，比如我的视力稍微差些。但是我仍保有对杯子的视点，该视点也实际存在，只是在准确性上比你的视点略逊一筹。这样我可能需要配副眼镜，以免犯下更大的错误。这个例子说明，即使我们就某种事物拥有自己的视点，但不代表它绝对准确。有时视点可能不够全面，在有些情况下甚至有些问题。因此我们要懂得所有视点不可能皆为同等的善，这一点非常重要。有好的视点，也有坏的视点，科学其实也一样，比方说原子干涉仪就有好有坏。

我们再用道德或政治、经济的例子推演一番。我认为杯子的例子其实和政治、经济的例子类似。如果有人提出"税要用在什么地方"这一问题，我们需要选定一个客观的优质答案。当然答案不可能只有一个，会有若干个，但要从中选一个最恰当的。我们可以预想出很多困难，比方说可能过于重视多元主义，或者受到文化相对主义的干扰，因此难以选出一个正确的答案，或很难确定可参考答案的范围等。如何避免此类困难呢？针对这一问题，我们也会听到很多不同的意见和建议，比如照顾印度教教徒的情绪，给他们增建印度教的寺院；又比如应该建立无神论者的大学；再比如应该用来建设养老院等福利设施……

"普遍人性"的概念

过剩的多元性会大幅度提高决策的难度。虽说无论过程多曲折，最终总会做出决策，但对此不能听之任之。所以我们要对普遍人性（universal humanity）做出探讨。何为普遍人性？我们可以这样理解，就是在受到政治统治的社会经济中，为了保证普遍人性的实现，我们应该削减用于决策的视点的丰富程度。

编辑部：削减丰富程度？

加布里尔：是的。削减丰富程度也就是尽可能地减少视点。即使那样不同的视点仍会存在。理想状态是像对待政治家那样定下不变的规则。需要把价值观和视点剥离，比如我们承认印度教教徒的存在，但不把他们的视点考虑在内。某些群体也一样，知道他们的存在，但是不接受他们的视点，至少要保持中立。

编辑部：之前你也多次提到过中立这个概念。

加布里尔：是的。中立在这里非常关键。视点汇集到决策的层面，对立变成中立。

编辑部：这和第四章里工作狂青年的例子一样吧？

加布里尔：说得没错。我们再回到感知的话题。比如我用手指着杯子说："这里有一个杯子。"而你回答说："哪有杯子？根本没有杯子。"于是我肯定会惊慌失措地查看，发现我指的杯子只是杯子的全息投影，是我的秘书偷偷设置的投影仪投射出来的。事先我不知情，而你是知情者。你指着投影仪说："根本没什么杯子，你看。"我一定会很吃惊。

等于说你纠正了我的感知，我的感知是不准确的。这个例子的感知对象是杯子，不是全息投影。杯子这一对象决定了什么是正确的视点。正确与否由对象本身决定，不是由我决定。我做出什么决定对对象来说不重要，重要的是对象是什么。任何情况下这个道理都成立，拿道德举例也一样，案例（对象）本身决定了何为我们的应做之事。

编辑部：也就是说，真实是存在的。

加布里尔：对。真实是存在的。

编辑部：但现实不是只有一个。

加布里尔：对。现实不止一个，而是若干个。若干个现实中也会有假的，因为有独立的现实，还有我们思考层面的只是表象的现实。表象可能是正确的，也可能是不正确的；可能是适当的，也可能是不适当的；可能是真的，也可能是假的。但表象的对象本身不存在真假的问题，它只能是真的。我们再举一个简单的例子。

我们假设"这里有一个杯子"是我的信念，而且这个信念是真的。在这里，表象也是真的。但它也有可能变成假的，因为有可能是我看错了，这里暂定它是真的。我们再假设这是我的臆断，并假定你对我的表象进行再次表象。臆断当然是假的，那不是杯子，而是一个杯子的全息投影。那么你对我的思考的表象如下："加布里尔的思考是假的"。但此时你的表象意味着"'加布里尔的思考是假的'这件事是真的"。人无法进行虚伪的思考。思考虚伪就等于在思考"肯定有什么是虚伪的"这一真实。没有人能够进行虚伪的思考。

"我所想的都是假的"这一思维过程不存在

这里将呈现一个极其重要也有一定哲学深度的观点。该观点还颇有商榷的余地，这里我们不做更深入的讨论。我想说其实以简单的逻辑就可以验证该观点。下面我将以图来说明，因为这一观点在我的所有研究中处于最深的层次。

哲学上使用符号P来表示真伪，P是"命题"（proposition）这一单词的第一个字母。我们假定P为真，"我在波恩"是真的，"我是安格拉·默克尔"是假的。"我是安格拉·默克尔"这个命题是假的，那"我在波恩"这个命题是真的。"¬"是否定符号，P是真的，¬P就是假的。反之，若¬P是真的，P就是假的。如果P是真的，就等于"'P不是真的'不是真的"。反过来也一样。如果"P不是真的"不是真的，就等于P是真的。

当然这个逻辑也并非万能，为了便于理解，我们把它进一步单纯化。

```
┌─────────────────────────────────────────────┐
│ 前提                                          │
│     P（P是真的）→ ¬P（P是假的）               │
│                                               │
│   P↔       ¬¬P                                │
│                    如果P是真的，等于"P是       │
│                    假的"这一命题是假的；       │
│   ※ ↔ 表 示        也就是说，¬¬P不存在         │
│   同值                                         │
│ 思考方式                                       │
│     I think（⊃P）"我认为P是真的"               │
│                                               │
│     I think（⊃ ¬P ）"我认为'不是P'是真的"      │
│                                               │
│   →人不可能认为自己的想法是假的                │
└─────────────────────────────────────────────┘
```

编辑部参照加布里尔所制原图制作

如果我认为那是P，即使你认为它是¬P，也不会成为"我们没有认为那是¬¬P"。你想的是¬P，否定（¬）只能有一次，我们想的只能是一个否定（¬）。如果认为"加布里尔所持信念是错的""加布里尔是错的"，我们不会认为自己的思维内容是错的，只认为加布里尔是错的。我们思考时不会去想"我现在想的是错的内容"，我们认定自己想的都是真的，因为人若不确定自己想的为真就无法思考。也就是说你必须相信自己，一个人不可能不信自己。

"信念的网络"构成社会

之所以说人是社会性动物，原因就在这里。假设有一个人孤零零活在世上，他不会犯错误，而且他根本无法发觉自己犯错误，因为人只相信自己一直信的东西。即使人可以信任不同的对象，但人无法纠正自己。换句话说，一个人要纠正自己，唯一的办法就是生成和自己不同的视点。

这就是人类社会。人类社会中的成员能够互相指正对方的错误。当然谁都有出错的可能，纠正别人的人也可能会被别人纠正。也就是说，最初的纠正是纠正错了，这种情况也有可能发生。我们不仅可以纠正别人，自己也可以得到纠正。

人类社会里这种相互作用到处都是。社会成员增多，成员之间的互动增加，社会变得复杂，就会产生更多的逻辑。有人相信P，有人相信Q，还有人在某一时刻相信R，而且确定此时不可能为P，这就是信念体系的生成系统。这些信念汇合在一起，构成一个集合体。众多信念不断结为网络，其后构成社会。不管信念网络是多还是少，只要它较为稳定，且虚假程度较低，该社会取得成功的可能性就比较高，因为真的信念与成功紧密相连。

假如我肚子饿了，想买张比萨饼充饥。我相信离我最近的比萨店就在西边200米处，但实际上是在往东200米处。如果听从自己的信念往西走200米，等发现不对再往回折，实际得走600米。如果另一个人知道准确地点，他只要走200米就到了，和他相比我买到比萨的可能性要低一些。如果不巧店里的比萨只剩一张，必须按先来后到购买，我只好空手而归。由于我犯了错，也就是由于我的信念有误，最终没吃上比萨，只能忍饥挨饿。由以上例子可以看出，与正确信念较多的社会相比，错误信念较多的社会就会很不利（disadvantage）。

正因如此，我们才要建立大学。越是工业化程度高的国家，大学的制度越科学合理，因为在这种社会中持正确信念的人的比率一直不断提高。这也是我们为何需要教育的原因。没有教育，人会朝着错误的方向走，往错误方向走的人会被走正路的人击败，这是很简单的道理。教育让我们知道自己应该前进的方向，社会的网络才能随之产生。

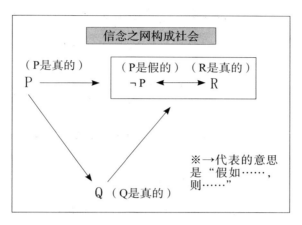

由编辑部参照加布里尔所制原图绘制

为何说社会的最高价值是"真实"

在哲学的"实在论"中最深层次的理论是排中律。排中律认为，或是"P是真的"，或是（∨）"¬P是真的"，绝没有位于中间的第三者。比如或是"我在波恩"，或是"我不在波恩"，答案只能是其中的一个，而不可能在二者之间，这就是排中律的原则。

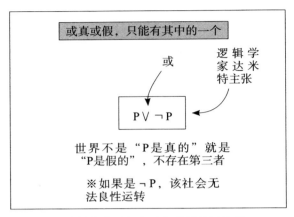

编辑部参照加布里尔所制原图绘制

实在论研究领域的优秀学者、长期任教于英国牛津大学的逻辑学教授迈克尔·达米特（Michael Dummett）说："实在论者（realist）相信世界上是有事实的。"真实或虚假，答案只是其中的一个，不存在第三者。

我认为这一法则有着普遍的效果。道德价值观、税制、堕胎、正义、招待客户的高尔夫、7这个数字……不管你的思维过程是什么，你的观点都只能是真或是假，没有其他选项，我们无法逃避现实。如果你的观点是假的，那么"你的观点是假的"这件事就是真的。我们无法抱着假的信念逃避现实。如果你那样做的话，你的现实就会变成你的错误。

如果一个人的现实变成了错误，他在人生中犯的错误越多，失败的可能性就越大。错误越多，人生越会走向坏的方向，这也是简单的逻辑。成功的社会就是不断减少犯错风险的社会，因为社会的最基本也是最高的价值是真实。

编辑部： 这也就是第四章里所说的基于明确事实的政治。

统计型世界观为何会失败

加布里尔： 对。它的确与硅谷那种基于统计学的世界观完全对立。硅谷的统计型世界观认为何为真实其实并不重要。这就是所谓"后真相"的问题所在。比如基于算法的检索工具很难给我们提供最佳的检索结果，它最多能接近最好，不过也不会最坏。用谷歌地图搜索餐馆就是最好的例子。假如你要在旧金山找一家好吃的泰国餐馆，在网上大概找得到还不错的，但如果不是运气特别好，肯定找不到最好的泰国餐馆。

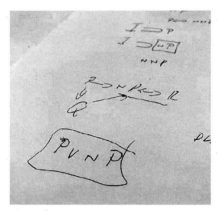

加布里尔画的图

检索工具显示的不是真的好餐馆，而是用户评价最好的。也就是说它的测算标准包含了人们给出评价这一行为。检索工具不能确保每一个人都能准确评价，况且有人根本就不懂什么是泰国料理，但他们也理直气壮给出评价，并毫无障碍地成为餐馆排名的依据。所以我说硅谷式的统计型世界观会增加现实社会出问题的几率。统计型世界观之所以会失败，归根结底是因为它不考虑是否为事实。

"新实在论"是针对所有事物的实在论，世上没有不实在的东西。一切都实际存在。我们没有办法逃避现实，也不可能存在于现实之外。互联网也好，这个屋子的一切也好，都是彻头彻尾实际存在着的。一直到死，我们也不能脱离现实。当然，人死了会在一定程度上"离场"，但也不是离开现实，因为死亡这一事实是实际存在的。死后的世界也会根据灵魂是否存在而不同，就我个人而言，我认为暂且不用考虑。

"我"真实存在

不知道我以上阐述的逻辑结构是否清晰。再强调一下，在我之前没人提出过带有普遍性的实在论。即使同我的主张相近的理论也含有非实在论的要素。

我确定没人提出和我完全一样的主张，顶多和我的主张相似。"新实在论"尽管还有进一步探讨的余地，但我尚未见过和它同样的理论，也未遇见持同样主张的学界前辈，所以我称它为"新实在论"。

对"新实在论"中事物是怎样相互关联的理解越深，说"这的确是事实"的次数就越多。与哲学家们交谈时，我经常听到"这的确是事实"这样的话。当我问对方是何时理解的，对方才恍然大悟地说"听加布里尔这样说的"，之后会对我的理论表示认同。

　　我们对自己理解的事物常抱有"这不是很明显吗？"的印象。擅长数学的人看到非常复杂的算式也会觉得简单。作为哲学家，我想针对我觉得很清晰的事物执笔写作，向人传授和阐述自己的见解。我认为我所理解的非常清晰，每一个人都能理解。当然，我的想法也有可能是错的，所以不敢说它们"必然是真的"。包括我在内，每个人都有可能犯错，都不可能完美无缺。